감정놀이 수업 1, 2, 3 워크북

소중한 나의 감정일기

이진영 저

학지사

소중한 나의 감정일기?

1. 소나기?

'우르르 쾅쾅쾅 쏴악쏴악' 무슨 소리일까요?

맞습니다. 소나기가 세차게 내리는 소리입니다. 여러분의 감정은 소나기와 닮았습니다. 천둥, 강풍을 동반하여 내리는 소나기처럼 슬픔, 분노 등의 감정을 막 쏟아 내지만 금세 평온한 모습을 되찾기 때문입니다. 아무리 격했던 감정도 시간이 지나면 자연스럽게 잊힙니다. 그러나 감정에 따른 행동은 습관이 되어 버리기에 감정에 따른 행동이 올바른 것이었는지 잘못된 것이었는지 생각해 보는 시간이 필요합니다. '**소**중한 **나**의 감정일**기**'는 그날그날 겪었던 감정상황을 떠올리고 당시의 감정표현이 올바른 것이었는지 돌아보는 기록장입니다. **소나기**를 곁에 두고 매일 작성함으로써 올바른 감정표현을 다짐하고 실천할 수 있도록 합니다.

2. 소나기 작성방법

올바른 감정표현을 다짐하는 '소나기'를 효과적으로 활용하기 위해서는 다섯 단계를 거치는 것이 좋습니다.

첫 번째, 표현하기입니다. 하루 동안에 발생하였던 다양한 감정 중 기억에 남는 감정상황을 떠올려 그래프로 표현합니다.

〈감정그래프 그리는 방법〉

- 기억에 남는 감정상황을 떠올립니다.
- 당시의 감정이 '기쁨' '사랑' '슬픔' '공포' '분노'에 비추어 각각 몇 점 정도 되는지 생각해 봅니다.
- 해당하는 감정점수에 점을 찍고 선으로 연결합니다.

두 번째, 기록하기입니다. 감정그래프로 표현한 당시의 상황과 감정, 감정으로 인한 행동을 기록합니다.

세 번째, 판단하기입니다. 감정으로 인한 행동이 자신이나 타인에게 피해를 주지는 않았는지, 너무 과하게 숨기거나 표현하지 않았는지 등을 점검합니다.

네 번째, 다짐하기입니다. 만약 감정으로 인한 행동이 바르지 않거나 정해 놓은 한계를 넘은 경우 올바른 감정표현을 할 것을 다시 한 번 다짐하고 약속합니다.

다섯 번째, 확인하기입니다. 감정일기 내용을 점검하며, 감정을 불러일으켰던 상황, 감정으로 인한 행동, 옳고 그름의 판단, 앞으로의 다짐이 포함되어 있는지 체크합니다.

♡ 20_____ 년 ____ 월 ____ 일 감정일기를 작성하여 봅시다.

❶ 표현하기

〈감정이름: 슬 픔 〉

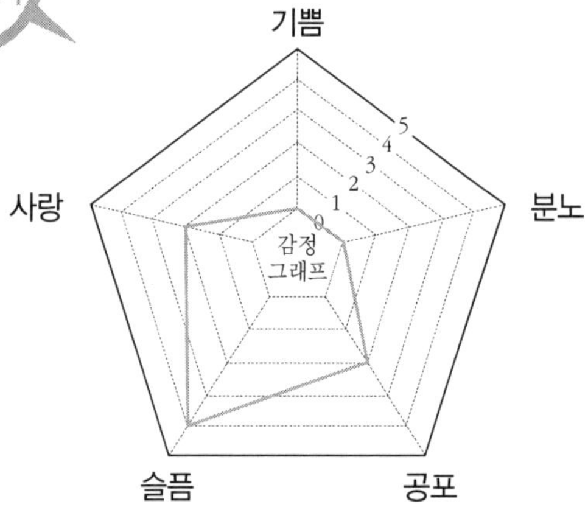

❷ 기록하기

〈오늘의 감정일기〉

어제 열심히 준비하였던 숙제를 가지고 오지 않았다. 속상한 마음에 눈물이 났다. 고맙게도 민지가 다가와 달래 주며 선생님께 사실대로 말씀 드려 보라고 하였다. 조언대로 선생님께 말씀 드렸더니 내일 가져와도 된다고 하셨다.

❸ 판단하기

오늘 일을 겪으며 아무것도 하지 않은 채 울기만 하는 것은 문제해결에 전혀 도움이 되지 않음을 느꼈다.

❹ 다짐하기

앞으로 학교에서 무슨 일이 있을 때는 선생님께 말씀드리고 도움을 구해야겠다고 생각했다. 그리고 이제부터는 자기 전에 숙제가 가방에 있는지 꼭 확인하는 습관을 가져야겠다.

❺ 확인하기

상황 행동 판단 다짐

♡ 20______년 ____월 ____일 감정일기를 작성하여 봅시다.

〈감정이름:　　　　　　〉

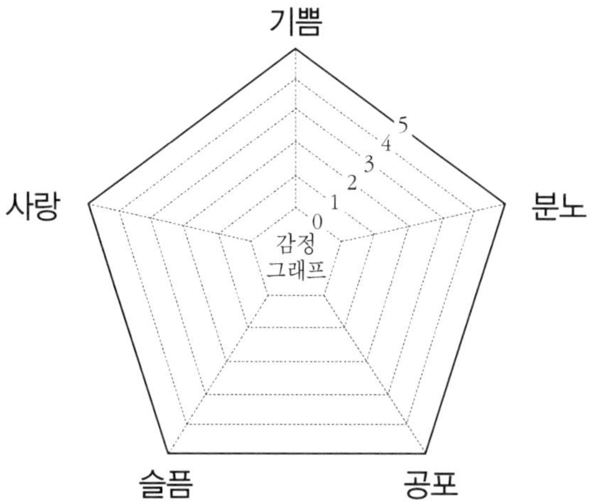

상황　행동　판단　다짐

〈오늘의 감정일기〉

♡ 20______년 ____월 ____일 감정일기를 작성하여 봅시다.

〈감정이름:　　　　　　〉

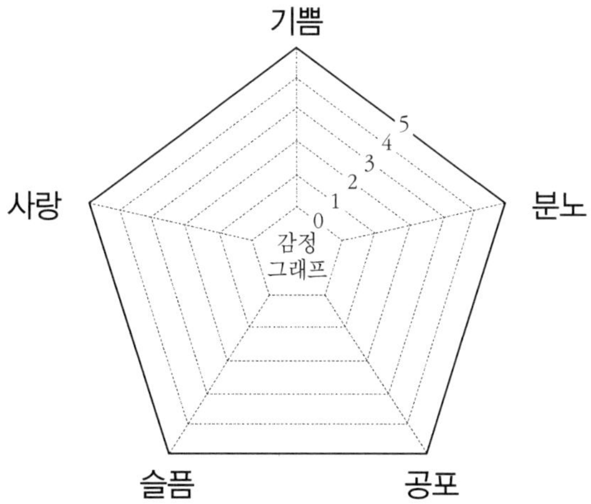

상황　행동　판단　다짐

〈오늘의 감정일기〉

♡ 20______년 ____월 ____일 감정일기를 작성하여 봅시다.

〈감정이름: 〉

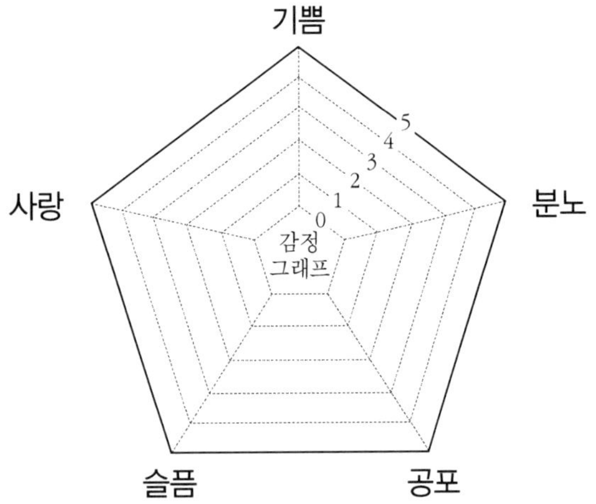

상황 행동 판단 다짐

〈오늘의 감정일기〉

♡ 20______년 ____월 ____일 감정일기를 작성하여 봅시다.

〈감정이름: 〉

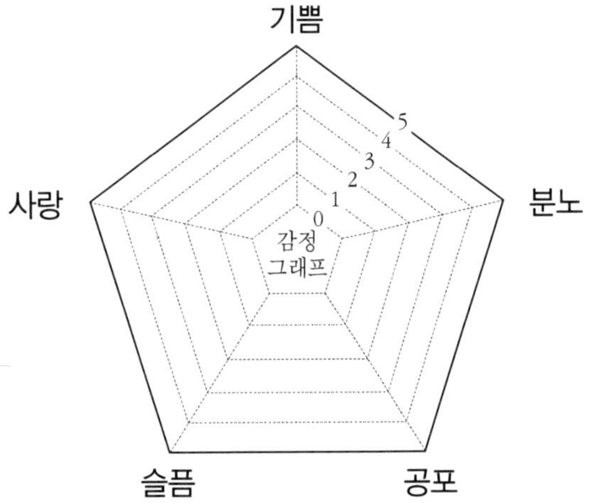

상황 행동 판단 다짐

〈오늘의 감정일기〉

♡ 20______년 ____월 ____일 감정일기를 작성하여 봅시다.

〈감정이름: 〉

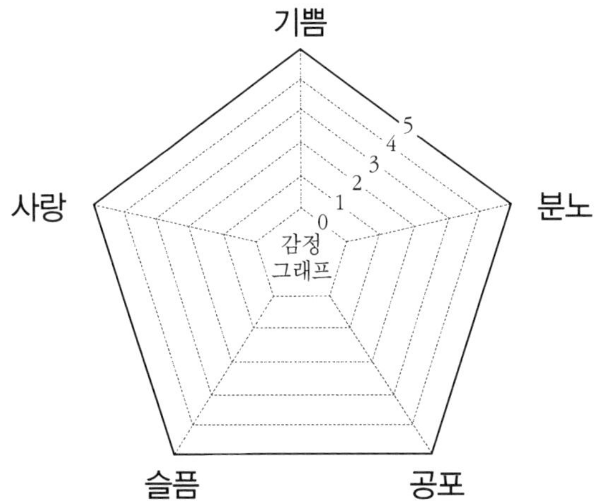

상황 행동 판단 다짐

〈오늘의 감정일기〉

♡ 20______년 ____월 ____일 감정일기를 작성하여 봅시다.

〈감정이름: 〉

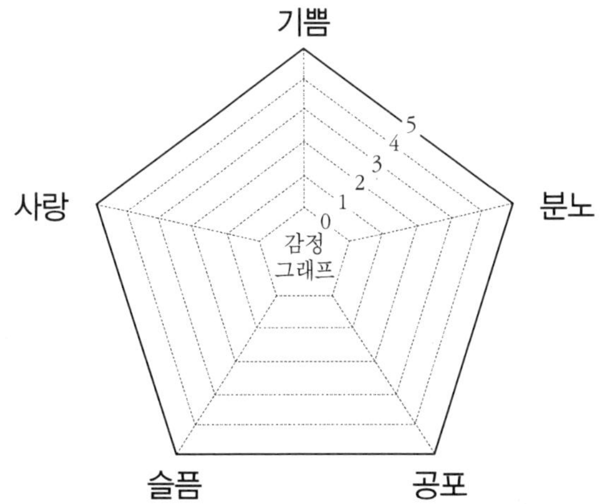

상황 행동 판단 다짐

〈오늘의 감정일기〉

♡ 20______년 ____월 ____일 감정일기를 작성하여 봅시다.

〈감정이름: 〉

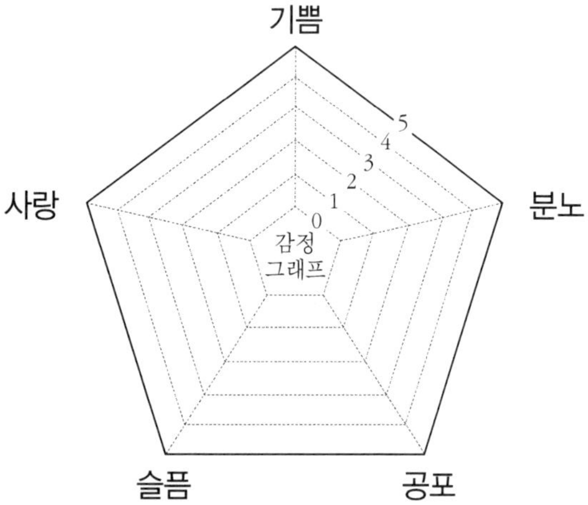

상황　행동　판단　다짐

〈오늘의 감정일기〉

♡ 20______년 ____월 ____일 감정일기를 작성하여 봅시다.

〈감정이름: 〉

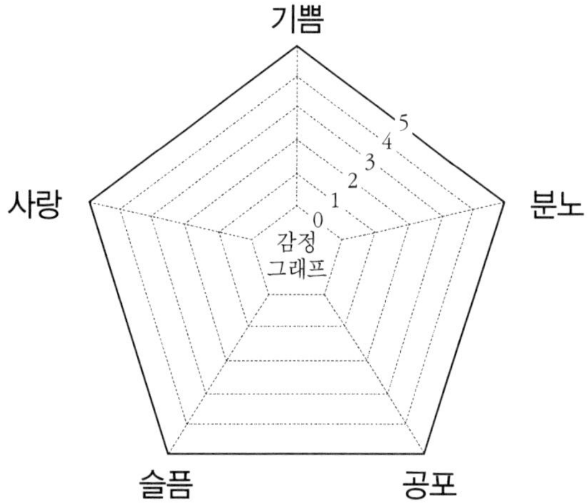

상황　행동　판단　다짐

〈오늘의 감정일기〉

♡ 20______년 ____월 ____일 감정일기를 작성하여 봅시다.

〈감정이름: 〉

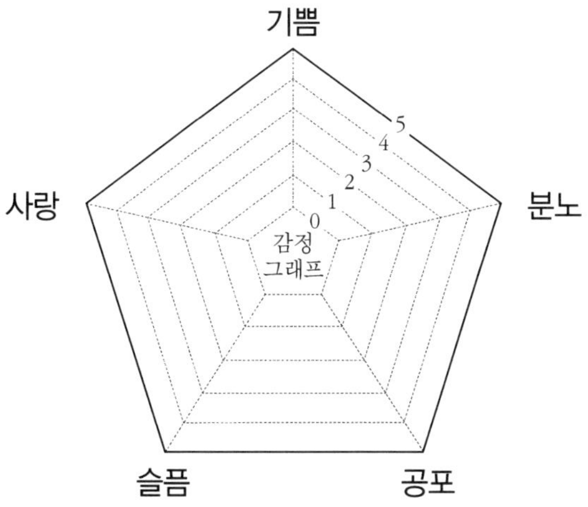

상황　행동　판단　다짐

〈오늘의 감정일기〉

♡ 20______년 ____월 ____일 감정일기를 작성하여 봅시다.

〈감정이름: 〉

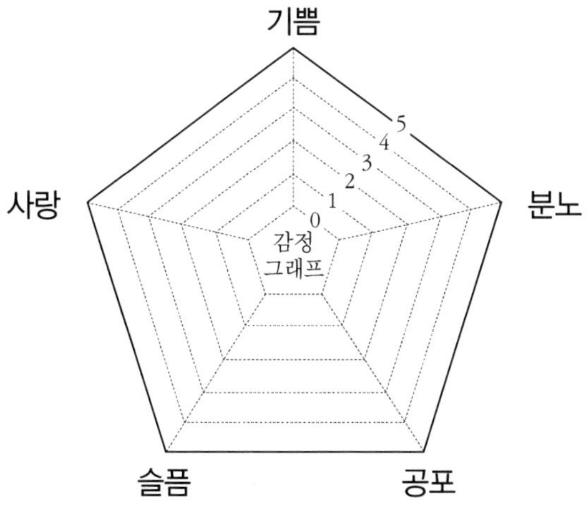

상황　행동　판단　다짐

〈오늘의 감정일기〉

♡ 20______년 _____월 _____일 감정일기를 작성하여 봅시다.

〈감정이름: 〉

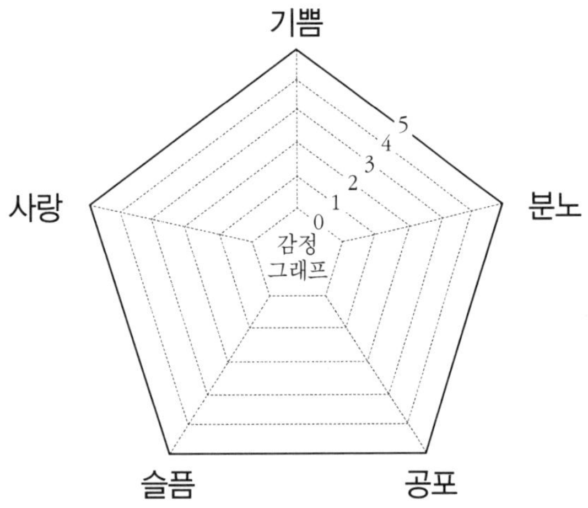

상황 행동 판단 다짐

〈오늘의 감정일기〉

♡ 20______년 _____월 _____일 감정일기를 작성하여 봅시다.

〈감정이름: 〉

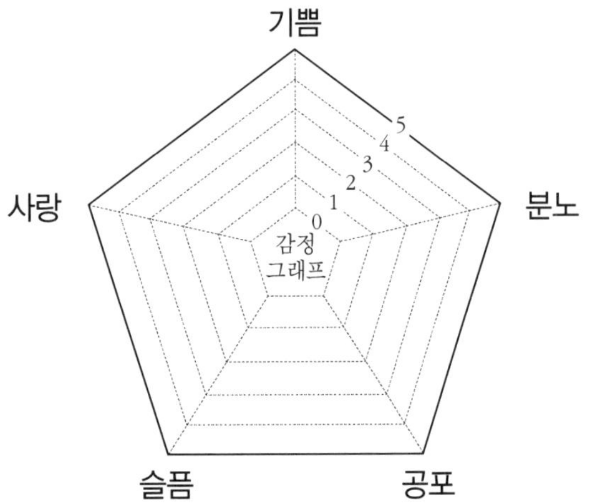

상황 행동 판단 다짐

〈오늘의 감정일기〉

♡ 20______년 ____월 ____일 감정일기를 작성하여 봅시다.

〈감정이름: 〉

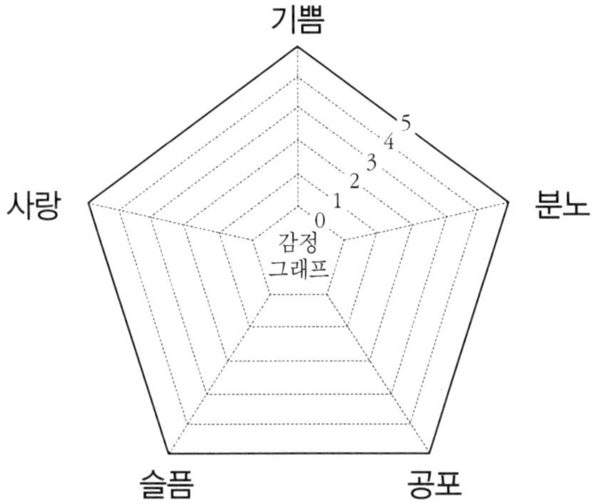

상황 행동 판단 다짐

〈오늘의 감정일기〉

♡ 20______년 ____월 ____일 감정일기를 작성하여 봅시다.

〈감정이름: 〉

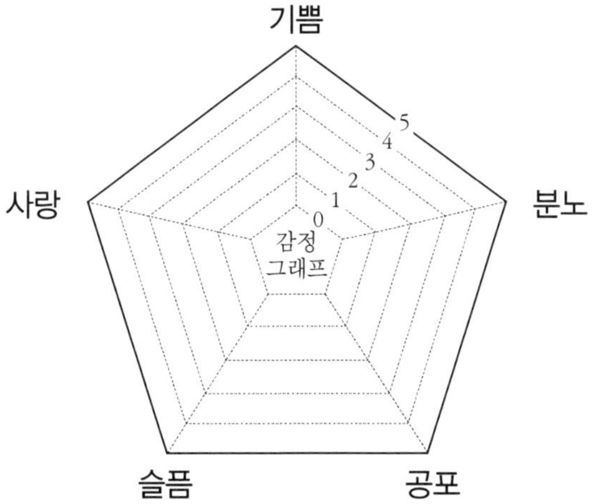

상황 행동 판단 다짐

〈오늘의 감정일기〉

♡ 20______년 ____월 ____일 감정일기를 작성하여 봅시다.

〈감정이름: 〉

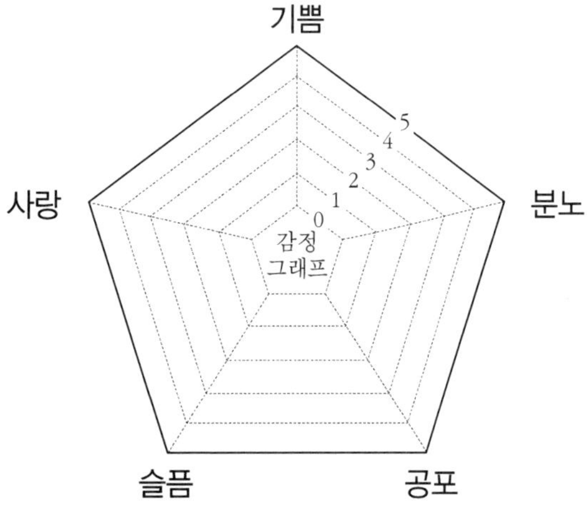

상황　행동　판단　다짐

〈오늘의 감정일기〉

♡ 20______년 ____월 ____일 감정일기를 작성하여 봅시다.

〈감정이름: 〉

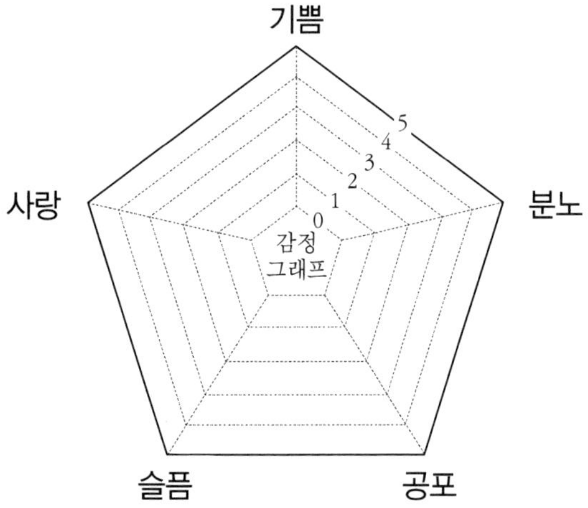

상황　행동　판단　다짐

〈오늘의 감정일기〉

♡ 20______ 년 _____ 월 _____ 일 감정일기를 작성하여 봅시다.

〈감정이름: 〉

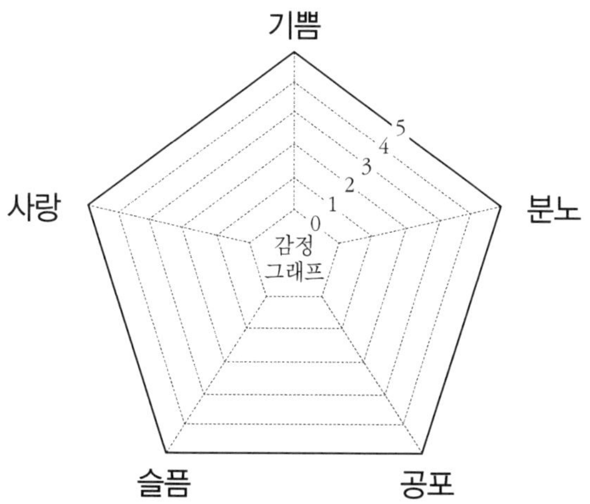

상황 행동 판단 다짐

〈오늘의 감정일기〉

♡ 20______ 년 _____ 월 _____ 일 감정일기를 작성하여 봅시다.

〈감정이름: 〉

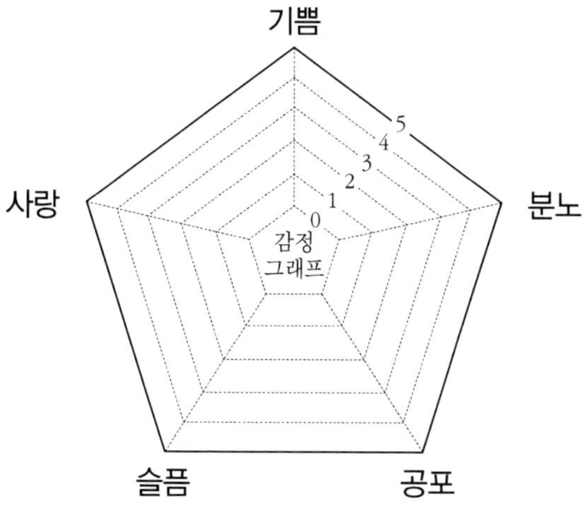

상황 행동 판단 다짐

〈오늘의 감정일기〉

♡ 20______년 _____월 _____일 감정일기를 작성하여 봅시다.

〈감정이름: 〉

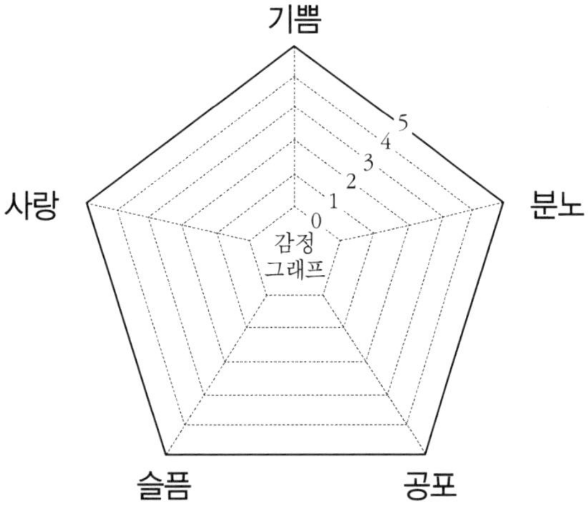

상황　행동　판단　다짐

〈오늘의 감정일기〉

♡ 20______년 _____월 _____일 감정일기를 작성하여 봅시다.

〈감정이름: 〉

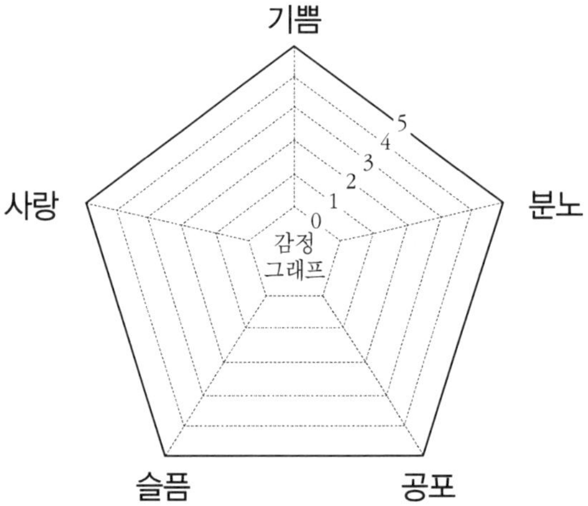

상황　행동　판단　다짐

〈오늘의 감정일기〉

♡ 20_______년 _____월 _____일 감정일기를 작성하여 봅시다.

〈감정이름: 〉

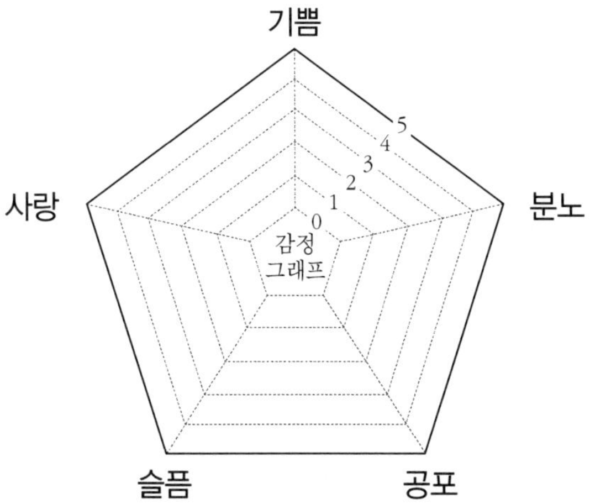

상황 행동 판단 다짐

〈오늘의 감정일기〉

♡ 20_______년 _____월 _____일 감정일기를 작성하여 봅시다.

〈감정이름: 〉

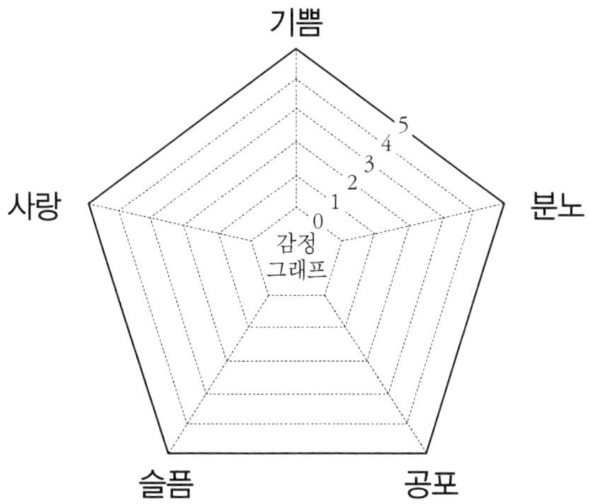

상황 행동 판단 다짐

〈오늘의 감정일기〉

♡ 20______년 _____월 _____일 감정일기를 작성하여 봅시다.

〈감정이름: 〉

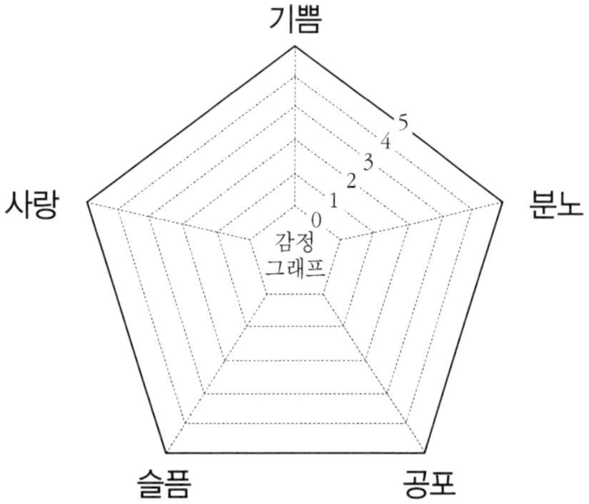

상황　행동　판단　다짐

〈오늘의 감정일기〉

♡ 20______년 _____월 _____일 감정일기를 작성하여 봅시다.

〈감정이름: 〉

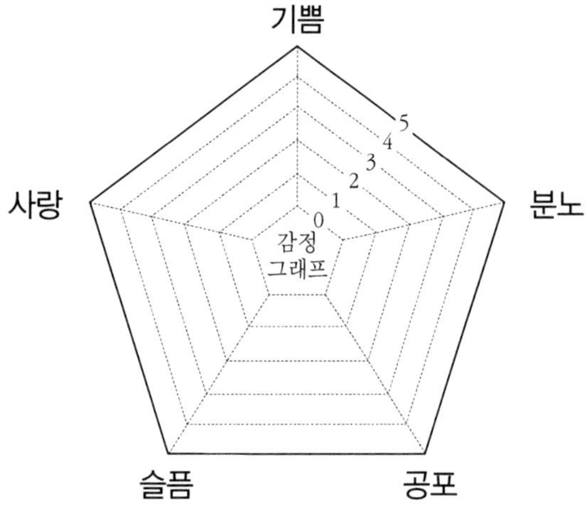

상황　행동　판단　다짐

〈오늘의 감정일기〉

♡ 20______년 ____월 ____일 감정일기를 작성하여 봅시다.

〈감정이름: 〉

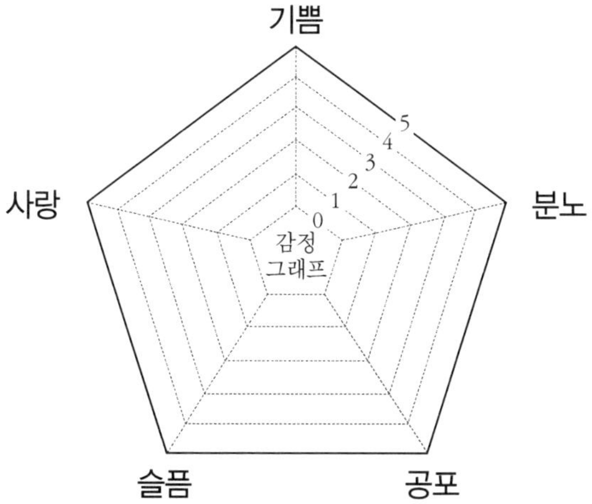

상황　행동　판단　다짐

〈오늘의 감정일기〉

♡ 20______년 ____월 ____일 감정일기를 작성하여 봅시다.

〈감정이름: 〉

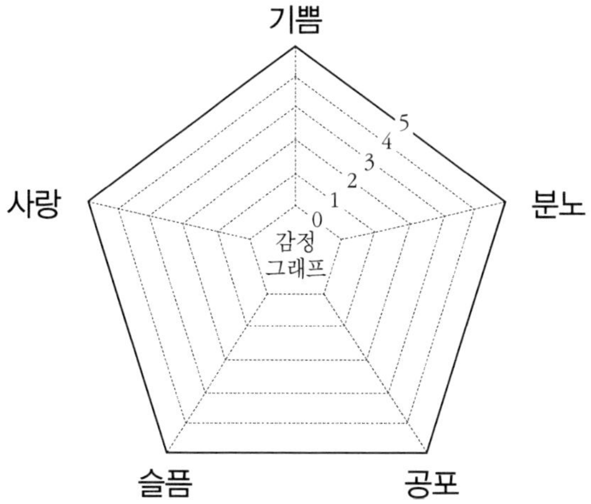

상황　행동　판단　다짐

〈오늘의 감정일기〉

♡ 20______년 ____월 ____일 감정일기를 작성하여 봅시다.

〈감정이름:　　　　　　　〉

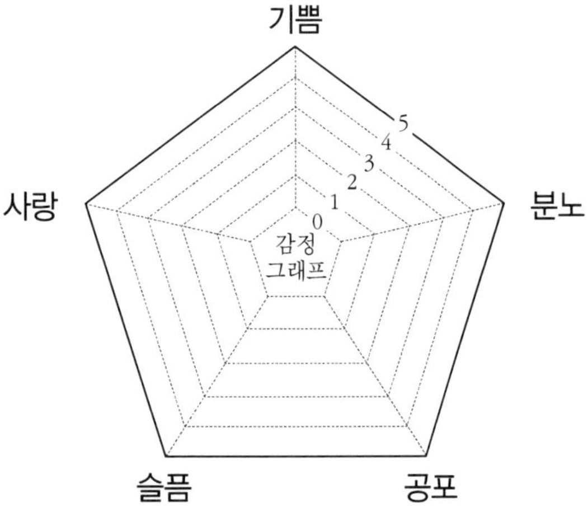

상황　행동　판단　다짐

〈오늘의 감정일기〉

♡ 20______년 ____월 ____일 감정일기를 작성하여 봅시다.

〈감정이름:　　　　　　　〉

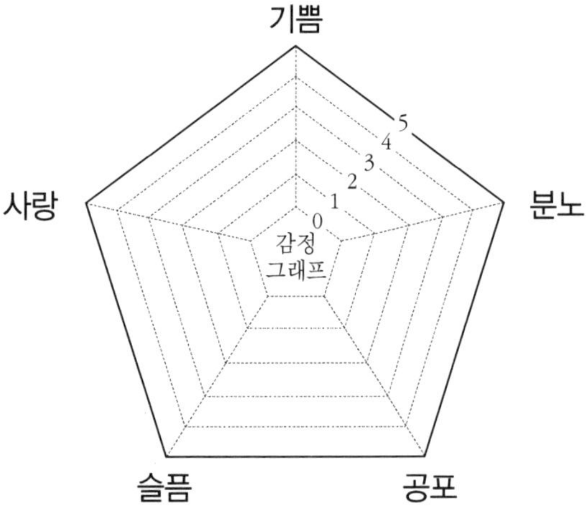

상황　행동　판단　다짐

〈오늘의 감정일기〉

♡ 20______ 년 _____ 월 _____ 일 감정일기를 작성하여 봅시다.

〈감정이름: 〉

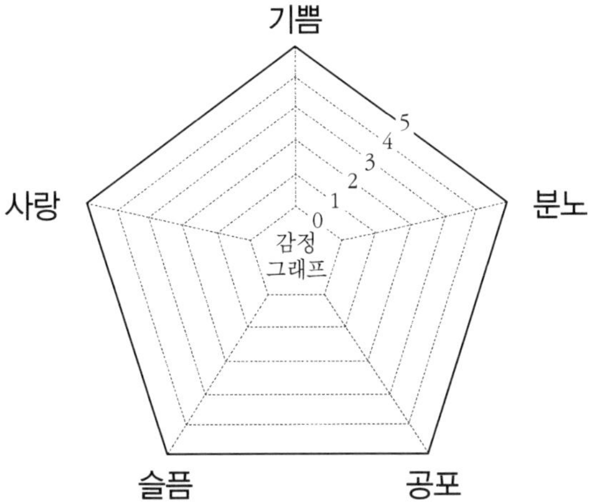

상황 행동 판단 다짐

〈오늘의 감정일기〉

♡ 20______ 년 _____ 월 _____ 일 감정일기를 작성하여 봅시다.

〈감정이름: 〉

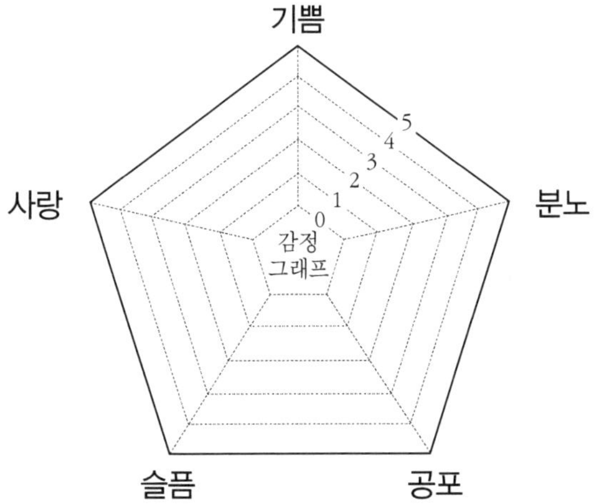

상황 행동 판단 다짐

〈오늘의 감정일기〉

♡ 20______년 _____월 _____일 감정일기를 작성하여 봅시다.

〈감정이름: 〉

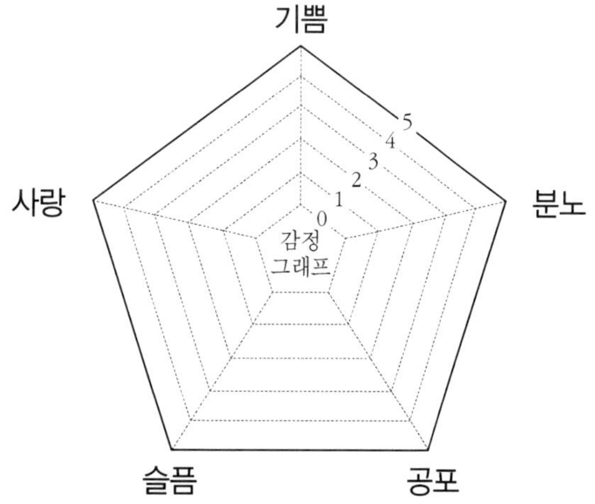

상황 행동 판단 다짐

〈오늘의 감정일기〉

♡ 20______년 _____월 _____일 감정일기를 작성하여 봅시다.

〈감정이름: 〉

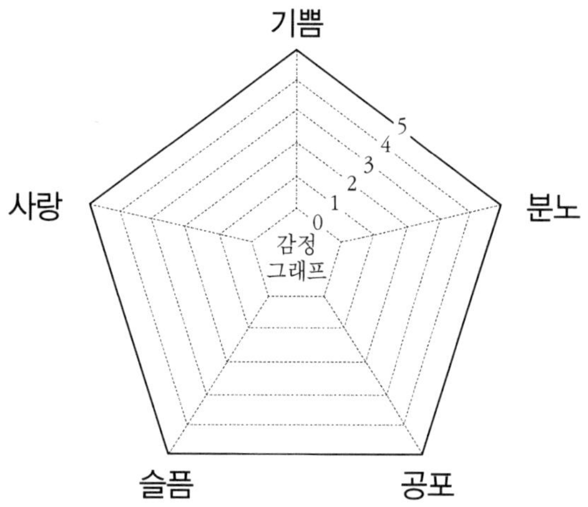

상황 행동 판단 다짐

〈오늘의 감정일기〉

♡ 20________년 _____월 _____일 감정일기를 작성하여 봅시다.

〈감정이름: 〉

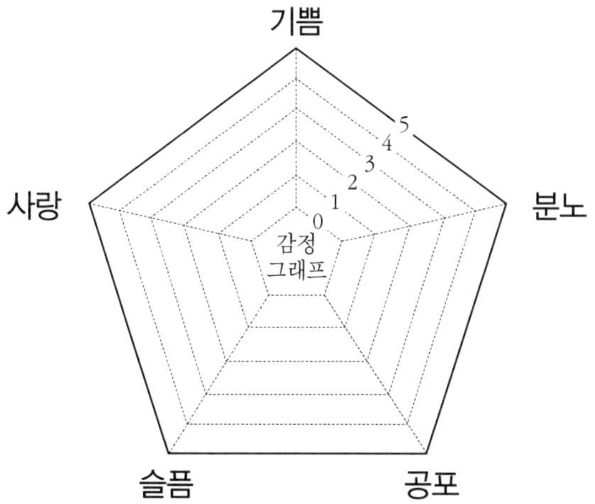

상황 행동 판단 다짐

〈오늘의 감정일기〉

♡ 20________년 _____월 _____일 감정일기를 작성하여 봅시다.

〈감정이름: 〉

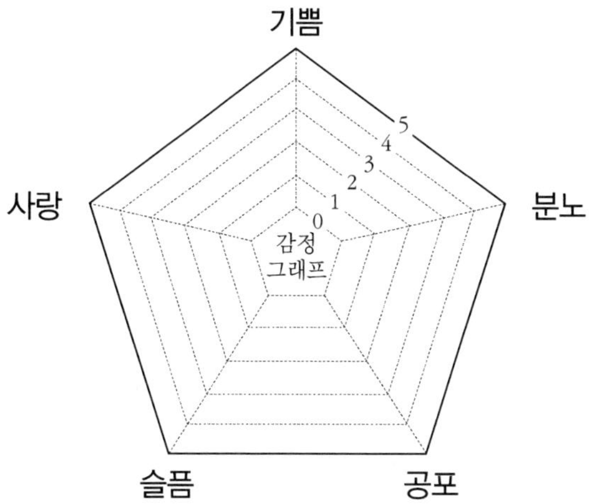

상황 행동 판단 다짐

〈오늘의 감정일기〉

♡ 20______년 ____월 ____일 감정일기를 작성하여 봅시다.

〈감정이름:　　　　　　〉

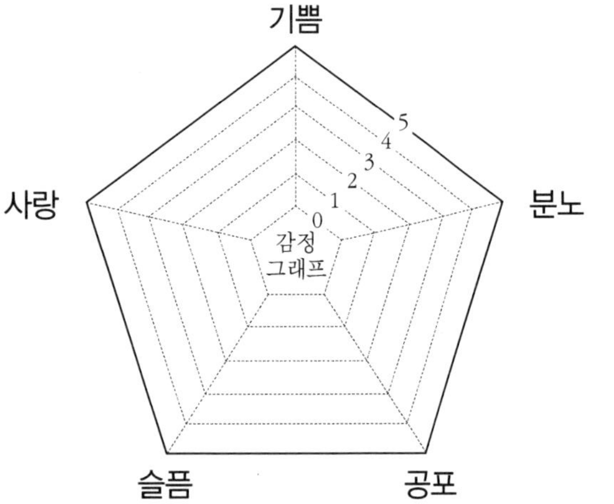

상황　행동　판단　다짐

〈오늘의 감정일기〉

♡ 20______년 ____월 ____일 감정일기를 작성하여 봅시다.

〈감정이름:　　　　　　〉

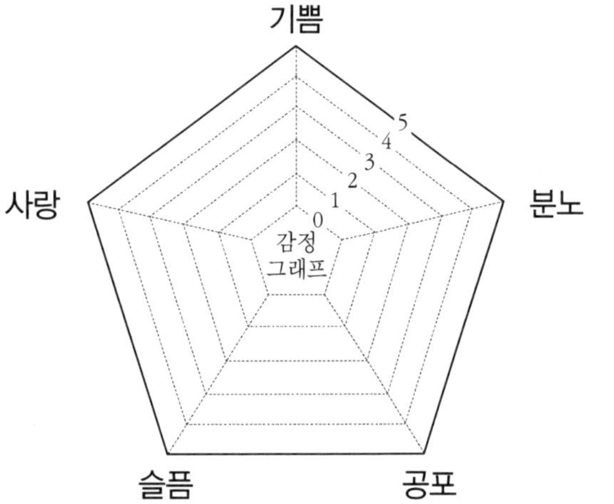

상황　행동　판단　다짐

〈오늘의 감정일기〉

♡ 20______년 ____월 ____일 감정일기를 작성하여 봅시다.

〈감정이름: 〉

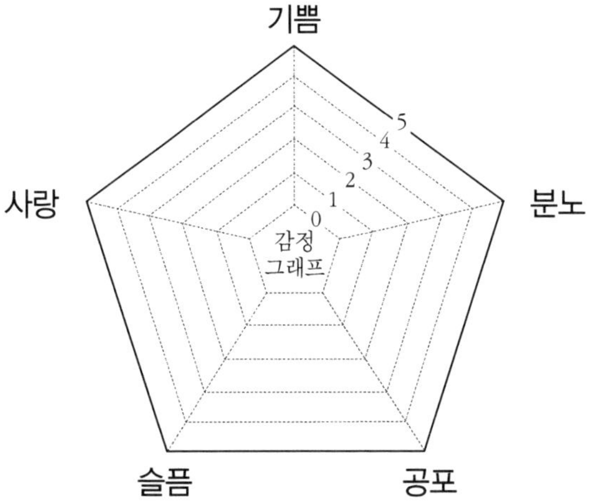

상황 행동 판단 다짐

〈오늘의 감정일기〉

♡ 20______년 ____월 ____일 감정일기를 작성하여 봅시다.

〈감정이름: 〉

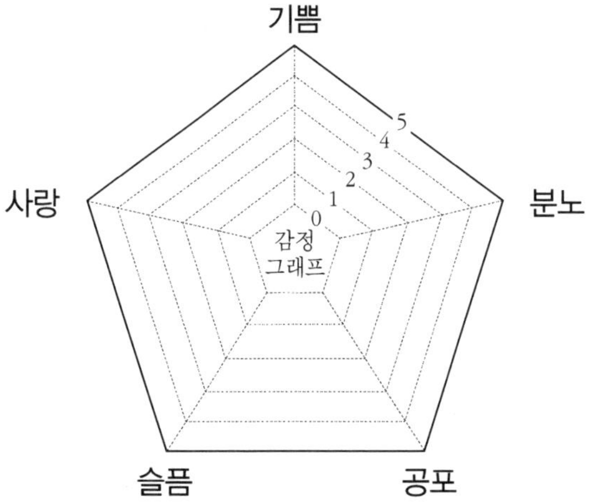

상황 행동 판단 다짐

〈오늘의 감정일기〉

♡ 20______년 _____월 _____일 감정일기를 작성하여 봅시다.

〈감정이름: 〉

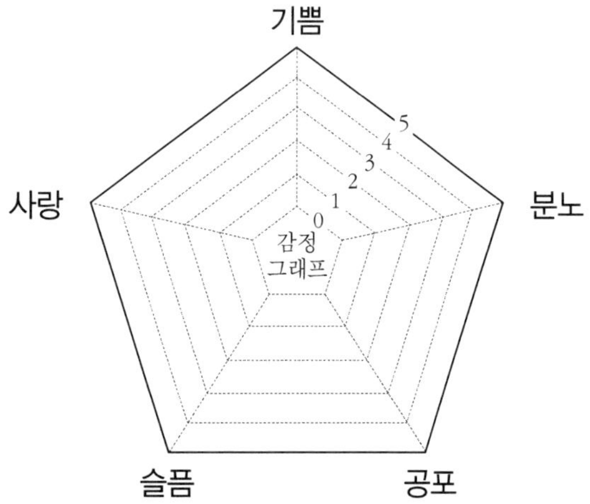

상황　행동　판단　다짐

〈오늘의 감정일기〉

♡ 20______년 _____월 _____일 감정일기를 작성하여 봅시다.

〈감정이름: 〉

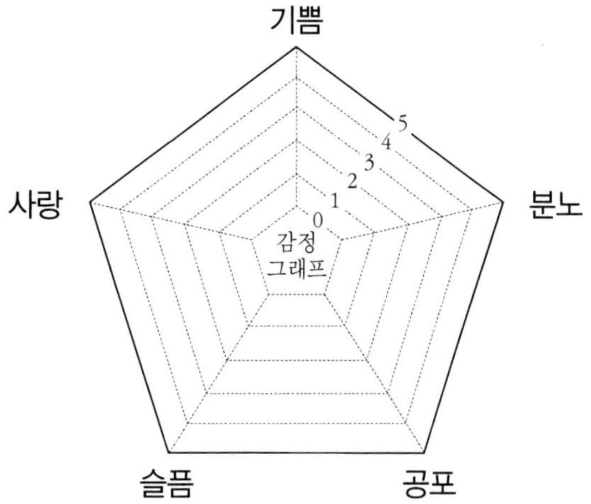

상황　행동　판단　다짐

〈오늘의 감정일기〉

♡ 20______년 ____월 ____일 감정일기를 작성하여 봅시다.

〈감정이름: 〉

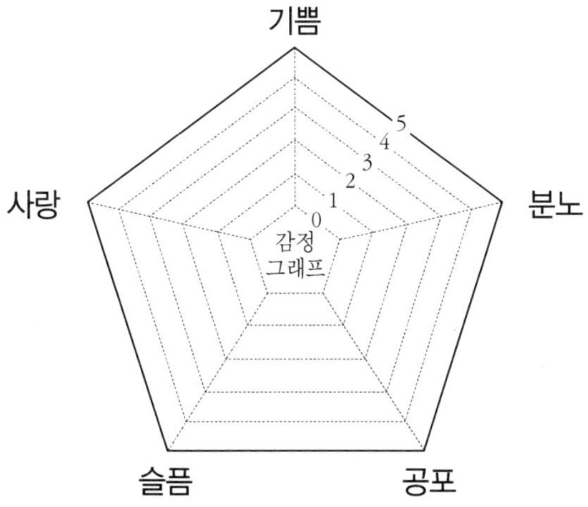

상황 행동 판단 다짐

〈오늘의 감정일기〉

♡ 20______년 ____월 ____일 감정일기를 작성하여 봅시다.

〈감정이름: 〉

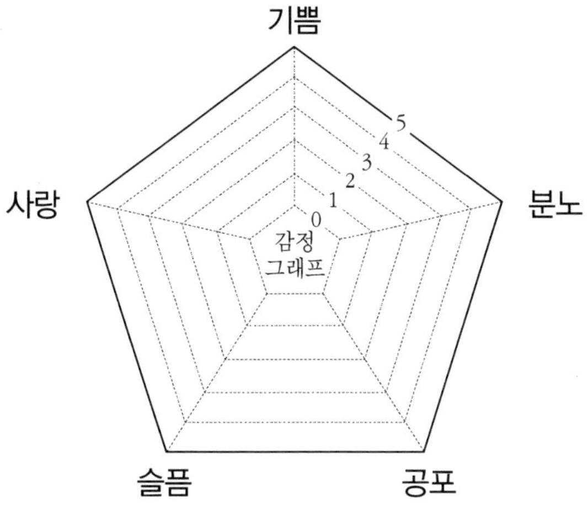

상황 행동 판단 다짐

〈오늘의 감정일기〉

♡ 20______년 _____월 _____일 감정일기를 작성하여 봅시다.

〈감정이름: 〉

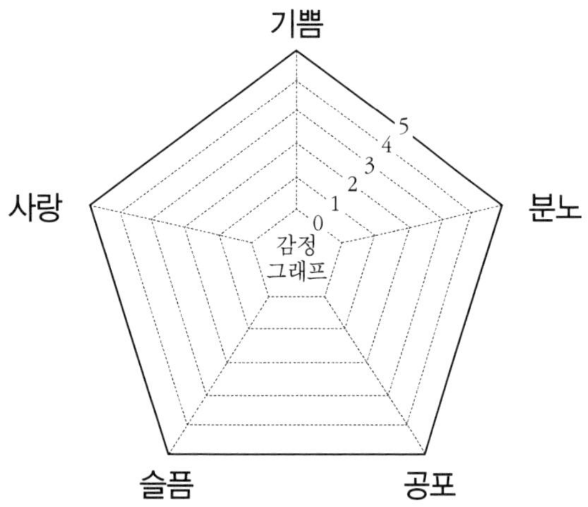

상황　행동　판단　다짐

〈오늘의 감정일기〉

♡ 20______년 _____월 _____일 감정일기를 작성하여 봅시다.

〈감정이름: 〉

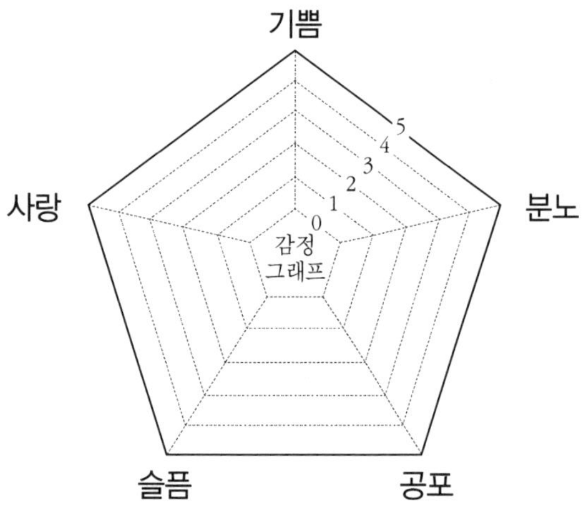

상황　행동　판단　다짐

〈오늘의 감정일기〉

♡ 20______년 ____월 ____일 감정일기를 작성하여 봅시다.

〈감정이름: 〉

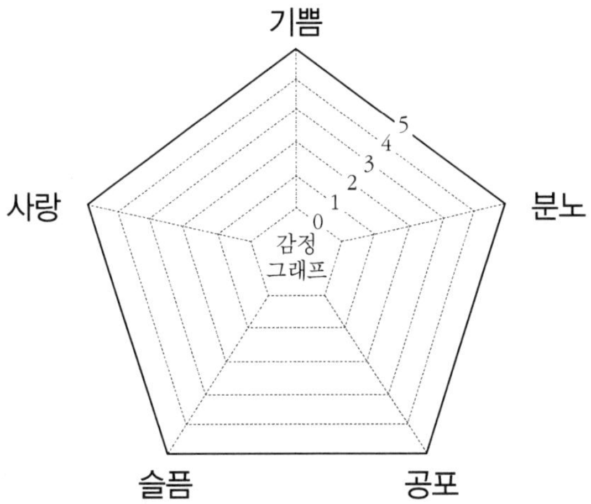

상황　행동　판단　다짐

〈오늘의 감정일기〉

♡ 20______년 ____월 ____일 감정일기를 작성하여 봅시다.

〈감정이름: 〉

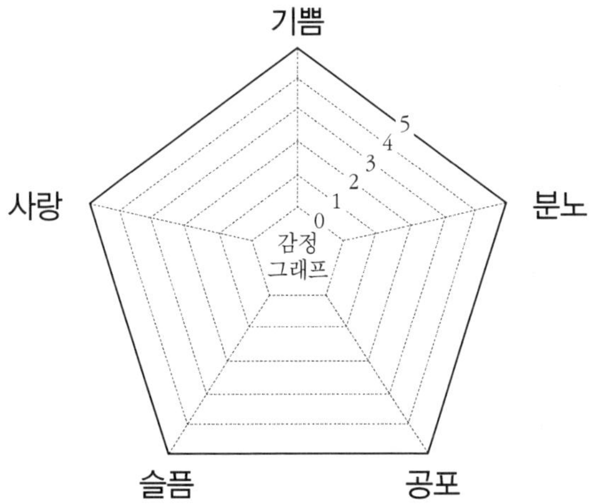

상황　행동　판단　다짐

〈오늘의 감정일기〉

♡ 20______년 ____월 ____일 감정일기를 작성하여 봅시다.

〈감정이름: 〉

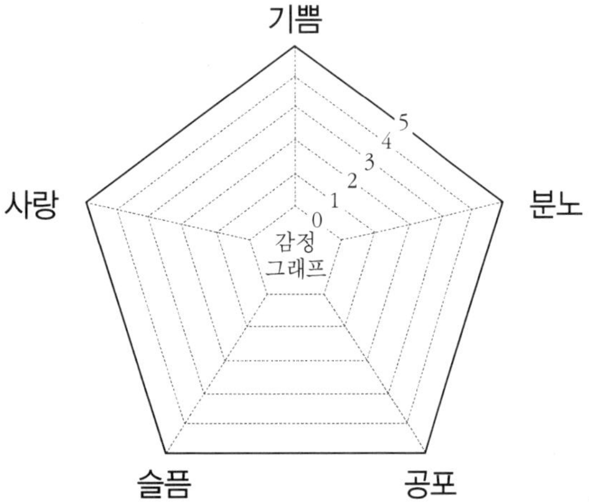

상황　행동　판단　다짐

〈오늘의 감정일기〉

♡ 20______년 ____월 ____일 감정일기를 작성하여 봅시다.

〈감정이름: 〉

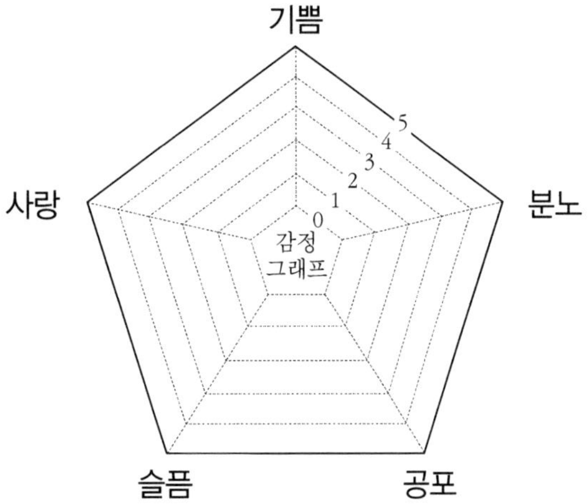

상황　행동　판단　다짐

〈오늘의 감정일기〉

♡ 20________년 ______월 ______일 감정일기를 작성하여 봅시다.

〈감정이름: 〉

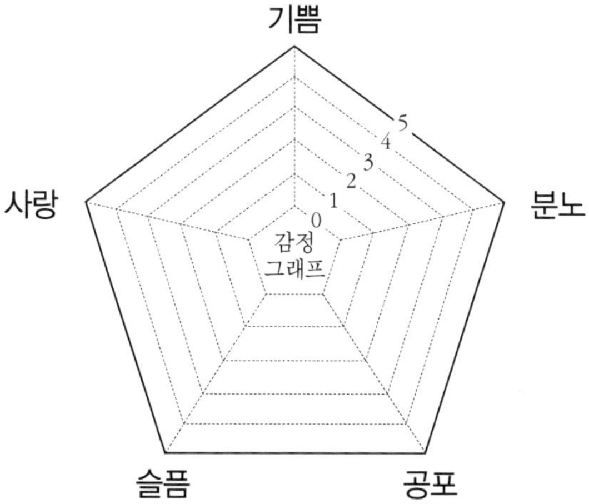

상황 행동 판단 다짐

〈오늘의 감정일기〉

♡ 20________년 ______월 ______일 감정일기를 작성하여 봅시다.

〈감정이름: 〉

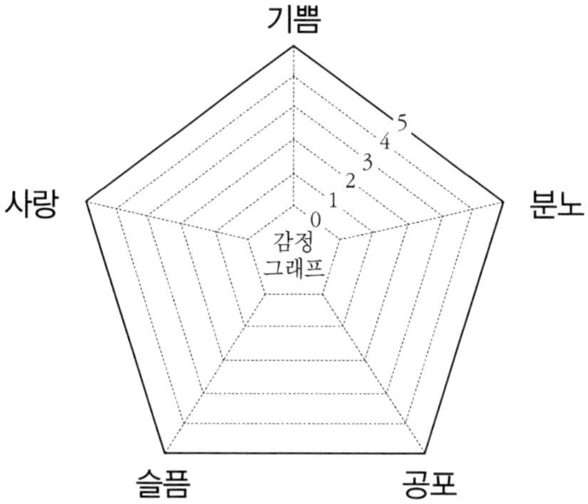

상황 행동 판단 다짐

〈오늘의 감정일기〉

♡ 20______ 년 ______ 월 ______ 일 감정일기를 작성하여 봅시다.

〈감정이름: 〉

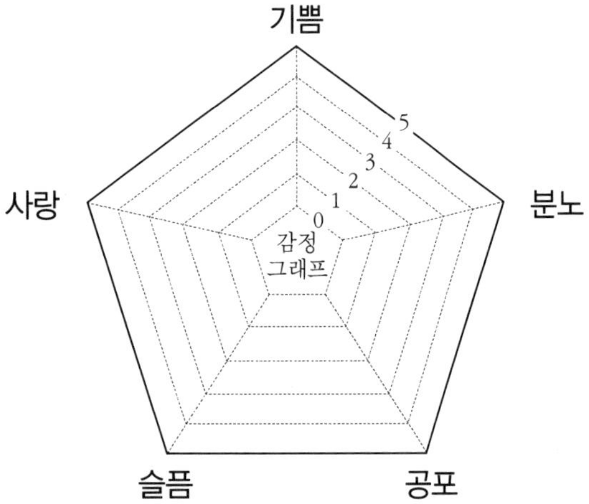

상황　행동　판단　다짐

〈오늘의 감정일기〉

♡ 20______ 년 ______ 월 ______ 일 감정일기를 작성하여 봅시다.

〈감정이름: 〉

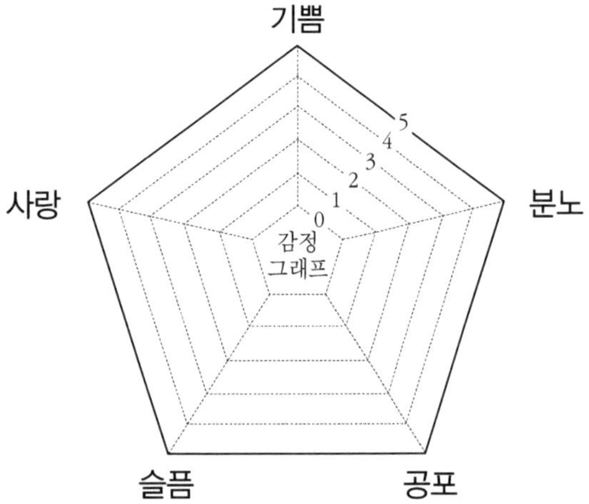

상황　행동　판단　다짐

〈오늘의 감정일기〉

♡ 20______년 ____월 ____일 감정일기를 작성하여 봅시다.

〈감정이름: 〉

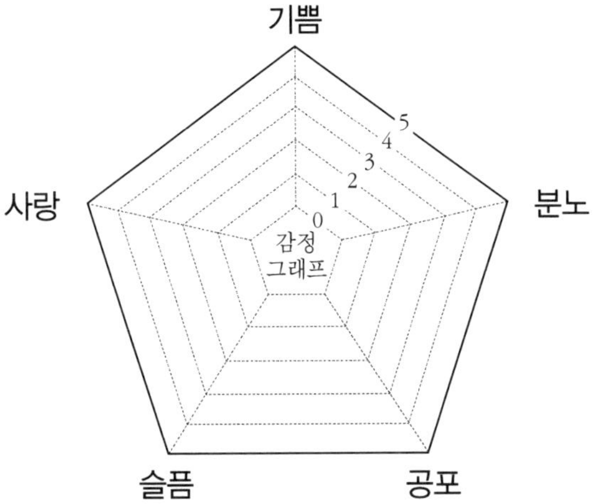

상황 행동 판단 다짐

〈오늘의 감정일기〉

♡ 20______년 ____월 ____일 감정일기를 작성하여 봅시다.

〈감정이름: 〉

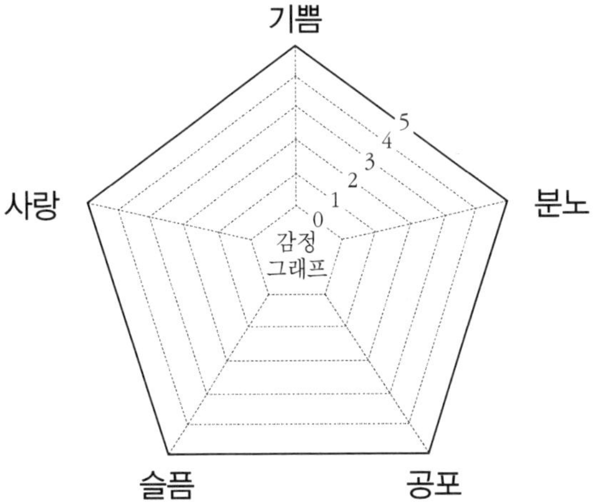

상황 행동 판단 다짐

〈오늘의 감정일기〉

♡ 20______년 ______월 ______일 감정일기를 작성하여 봅시다.

〈감정이름: 〉

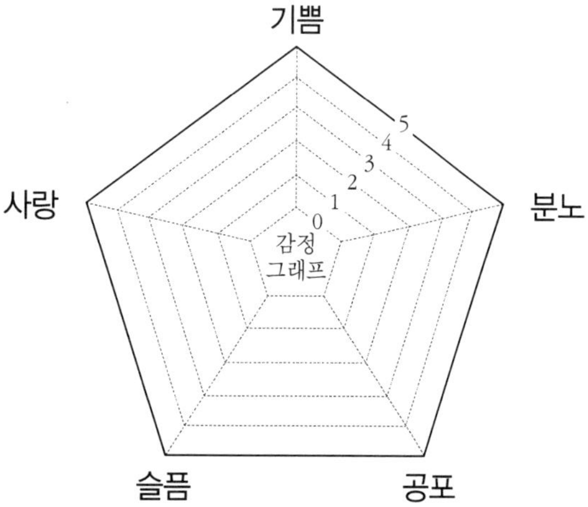

상황　행동　판단　다짐

〈오늘의 감정일기〉

♡ 20______년 ______월 ______일 감정일기를 작성하여 봅시다.

〈감정이름: 〉

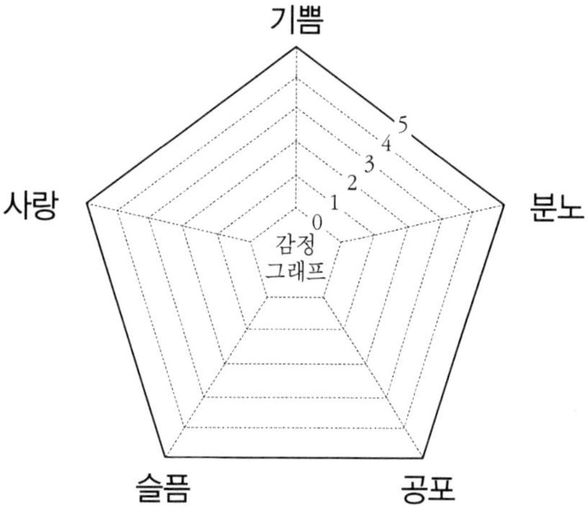

상황　행동　판단　다짐

〈오늘의 감정일기〉

♡ 20______년 _____월 _____일 감정일기를 작성하여 봅시다.

〈감정이름: 〉

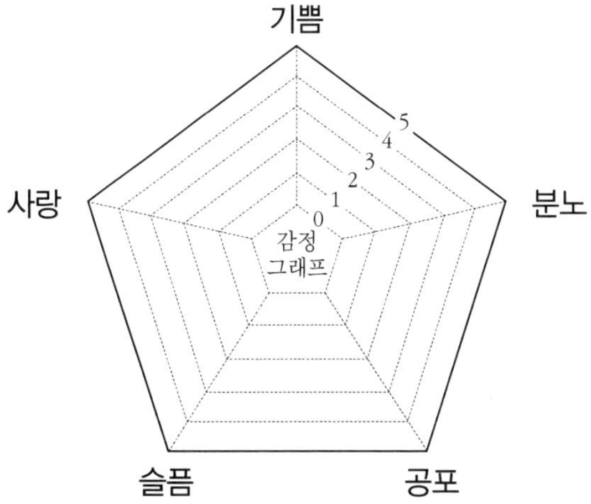

상황　행동　판단　다짐

〈오늘의 감정일기〉

♡ 20______년 _____월 _____일 감정일기를 작성하여 봅시다.

〈감정이름: 〉

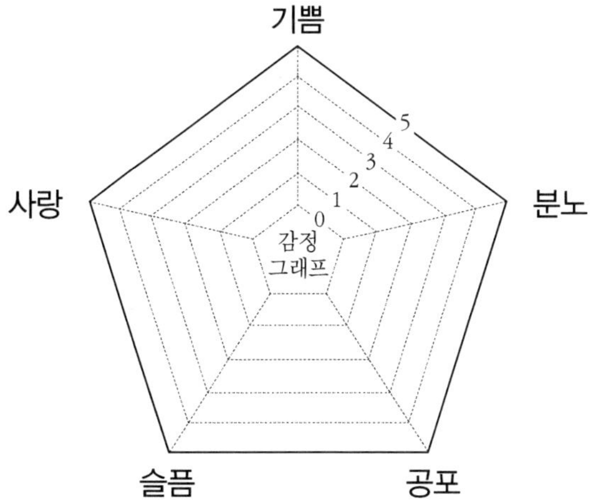

상황　행동　판단　다짐

〈오늘의 감정일기〉

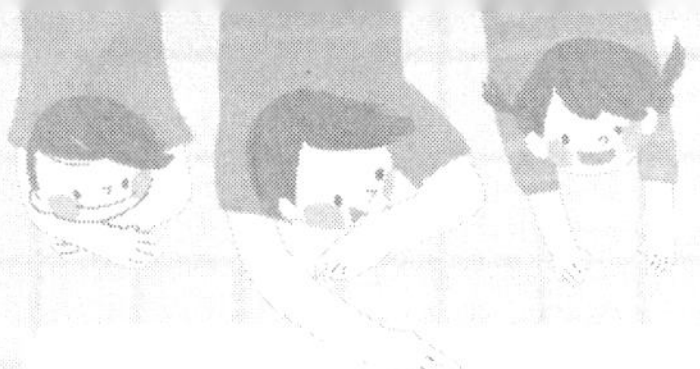

♡ 20______년 ____월 ____일 감정일기를 작성하여 봅시다.

〈감정이름: 〉

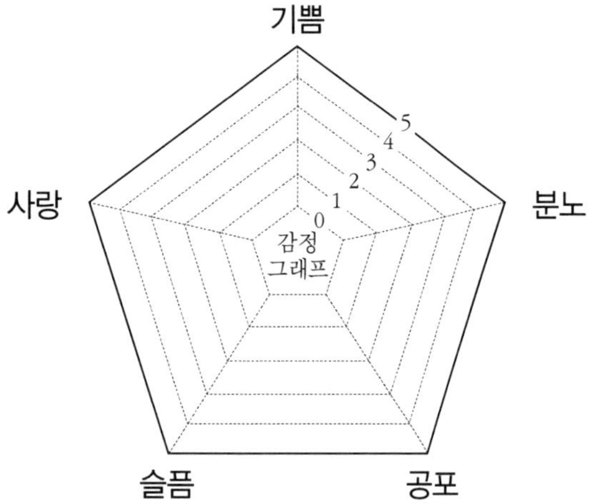

상황　행동　판단　다짐

〈오늘의 감정일기〉

♡ 20______년 ____월 ____일 감정일기를 작성하여 봅시다.

〈감정이름: 〉

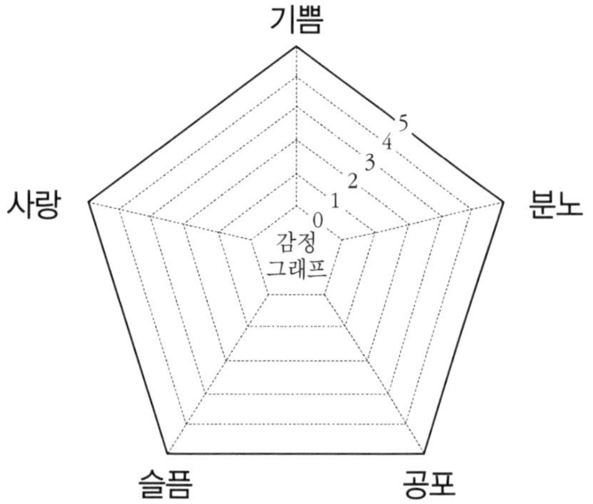

상황　행동　판단　다짐

〈오늘의 감정일기〉

♡ 20______년 ______월 ______일 감정일기를 작성하여 봅시다.

〈감정이름: 〉

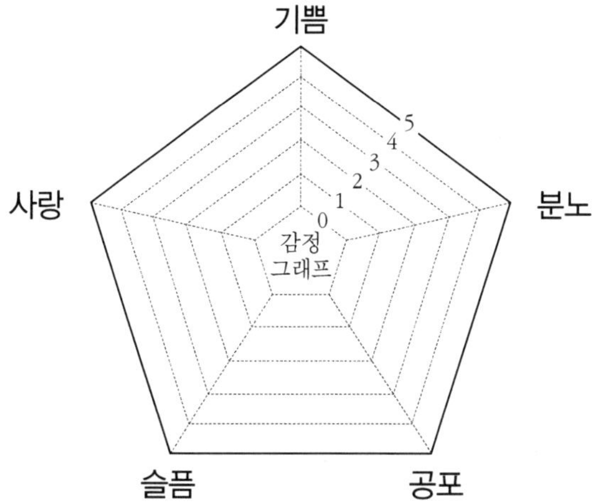

상황 행동 판단 다짐

〈오늘의 감정일기〉

♡ 20______년 ______월 ______일 감정일기를 작성하여 봅시다.

〈감정이름: 〉

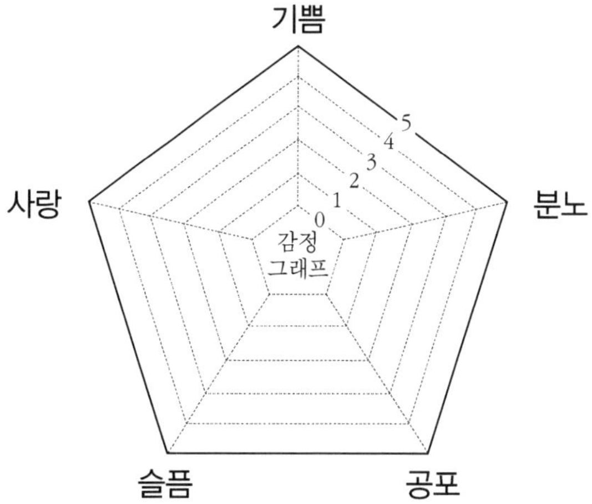

상황 행동 판단 다짐

〈오늘의 감정일기〉

♡ 20　　　년　　　월　　　일 감정일기를 작성하여 봅시다.

〈감정이름:　　　　　　　〉

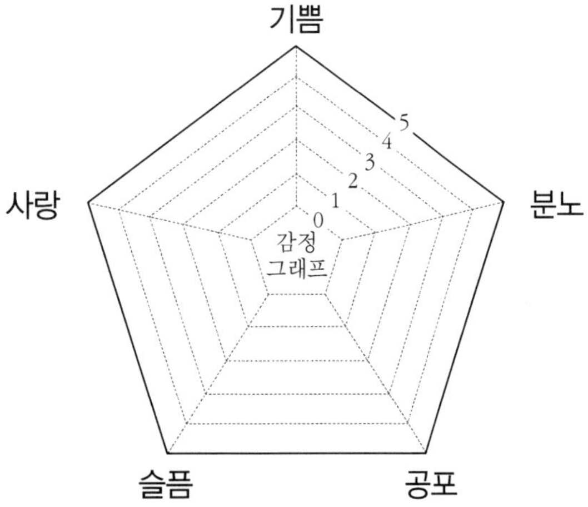

상황　행동　판단　다짐

〈오늘의 감정일기〉

♡ 20　　　년　　　월　　　일 감정일기를 작성하여 봅시다.

〈감정이름:　　　　　　　〉

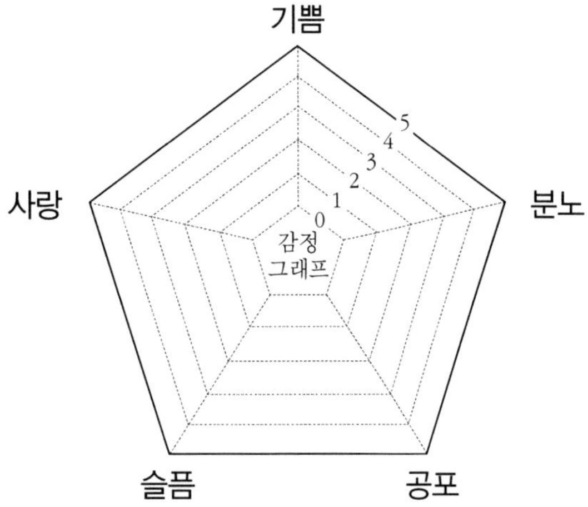

상황　행동　판단　다짐

〈오늘의 감정일기〉

♡ 20______년 ______월 ______일 감정일기를 작성하여 봅시다.

〈감정이름: 〉

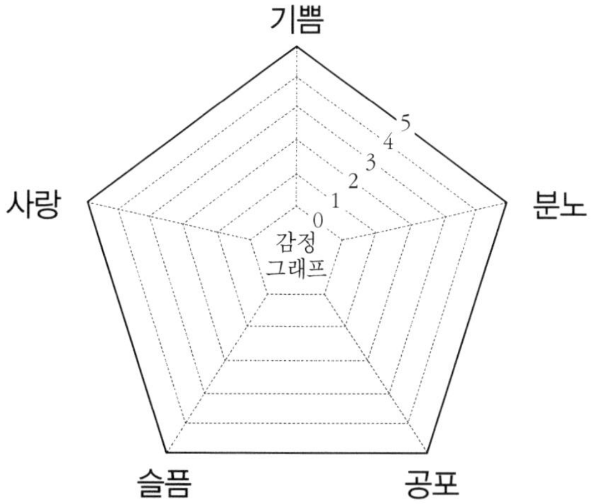

상황 행동 판단 다짐

〈오늘의 감정일기〉

♡ 20______년 ______월 ______일 감정일기를 작성하여 봅시다.

〈감정이름: 〉

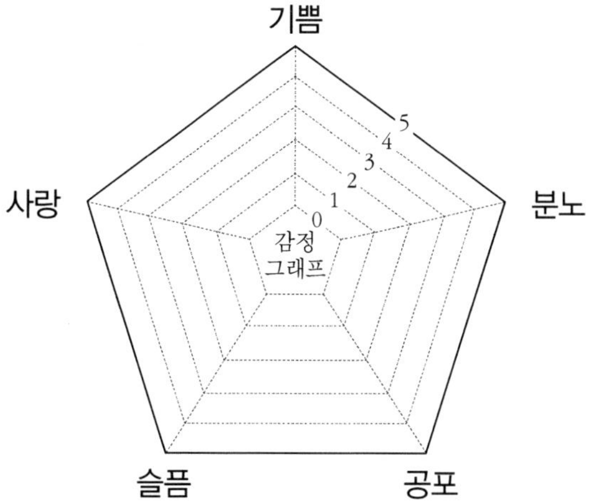

상황 행동 판단 다짐

〈오늘의 감정일기〉

♡ 20______년 ____월 ____일 감정일기를 작성하여 봅시다.

〈감정이름:　　　　　　　　〉

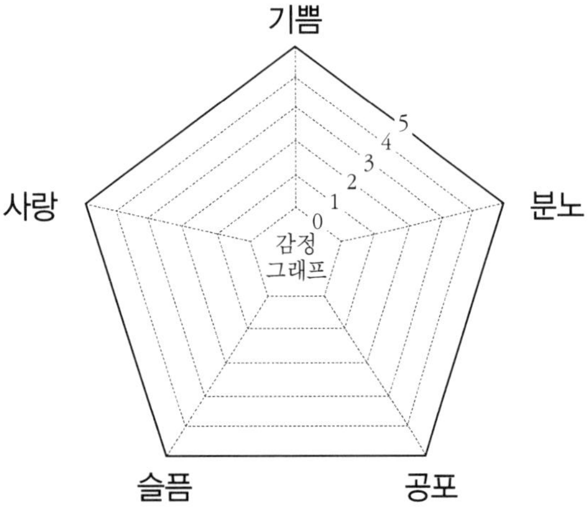

상황　행동　판단　다짐

〈오늘의 감정일기〉

♡ 20______년 ____월 ____일 감정일기를 작성하여 봅시다.

〈감정이름:　　　　　　　　〉

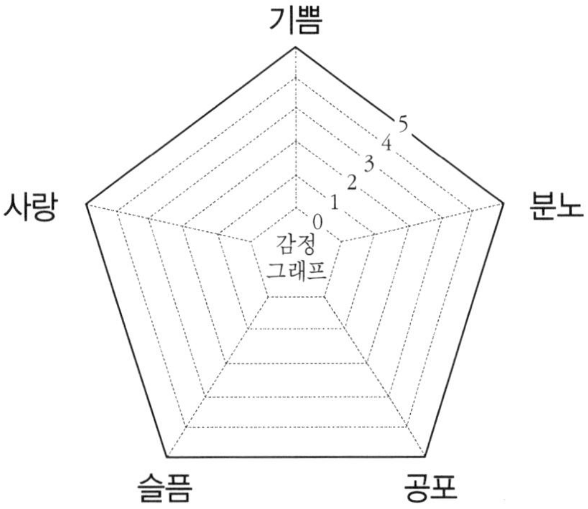

상황　행동　판단　다짐

〈오늘의 감정일기〉

♡ 20______년 ____월 ____일 감정일기를 작성하여 봅시다.

〈감정이름: 〉

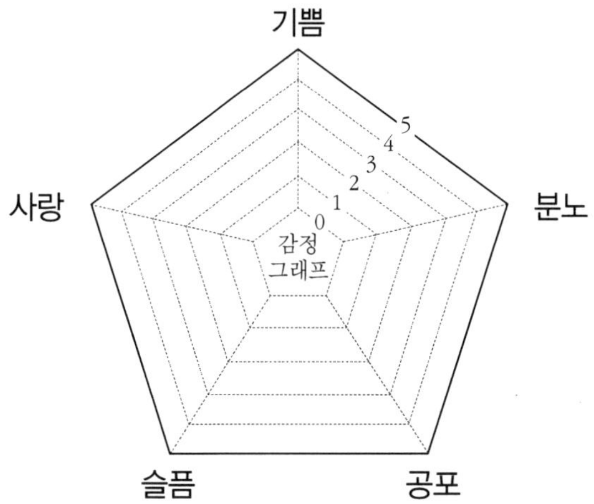

상황　행동　판단　다짐

〈오늘의 감정일기〉

♡ 20______년 ____월 ____일 감정일기를 작성하여 봅시다.

〈감정이름: 〉

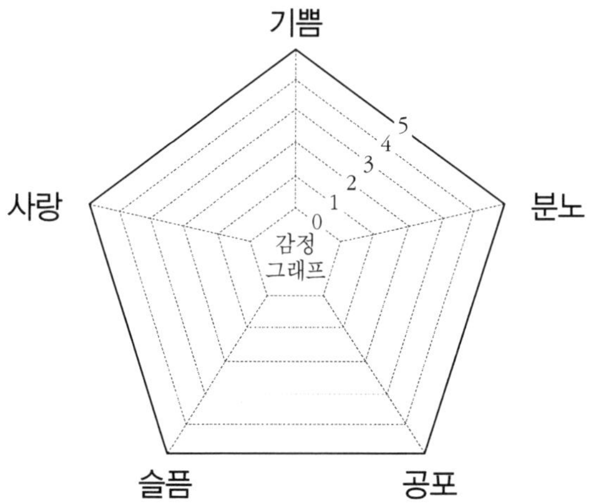

상황　행동　판단　다짐

〈오늘의 감정일기〉

♡ 20______년 ____월 ____일 감정일기를 작성하여 봅시다.

〈감정이름: 〉

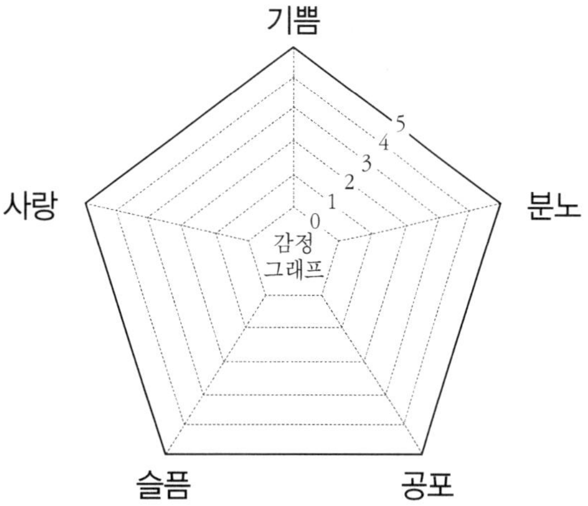

상황　행동　판단　다짐

〈오늘의 감정일기〉

♡ 20______년 ____월 ____일 감정일기를 작성하여 봅시다.

〈감정이름: 〉

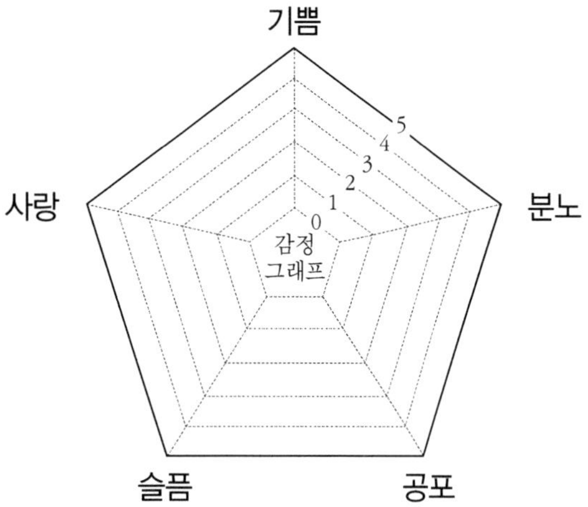

상황　행동　판단　다짐

〈오늘의 감정일기〉

♡ 20______년 ____월 ____일 감정일기를 작성하여 봅시다.

〈감정이름: 〉

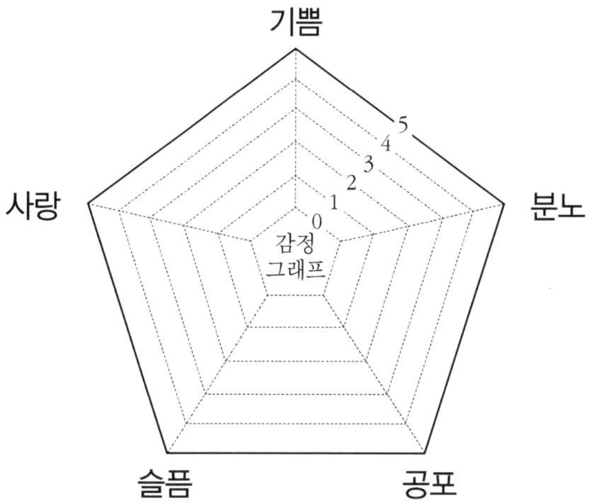

상황 행동 판단 다짐

〈오늘의 감정일기〉

♡ 20______년 ____월 ____일 감정일기를 작성하여 봅시다.

〈감정이름: 〉

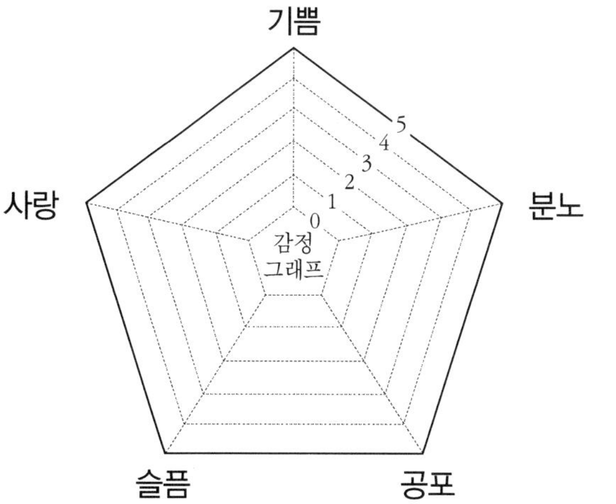

상황 행동 판단 다짐

〈오늘의 감정일기〉

♡ 20______년 ____월 ____일 감정일기를 작성하여 봅시다.

〈감정이름:　　　　　　　　〉

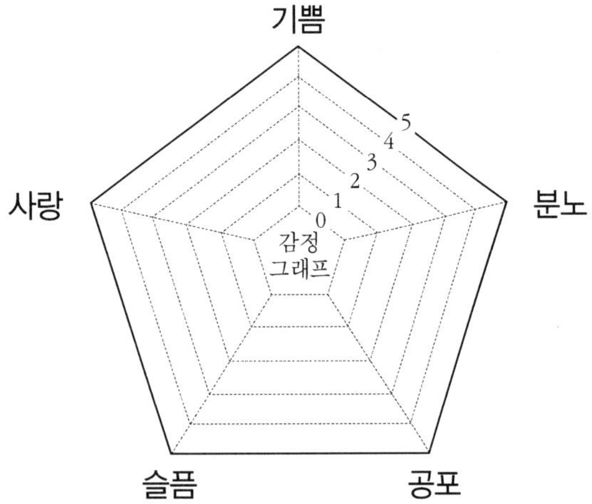

상황　행동　판단　다짐

〈오늘의 감정일기〉

♡ 20______년 ____월 ____일 감정일기를 작성하여 봅시다.

〈감정이름:　　　　　　　　〉

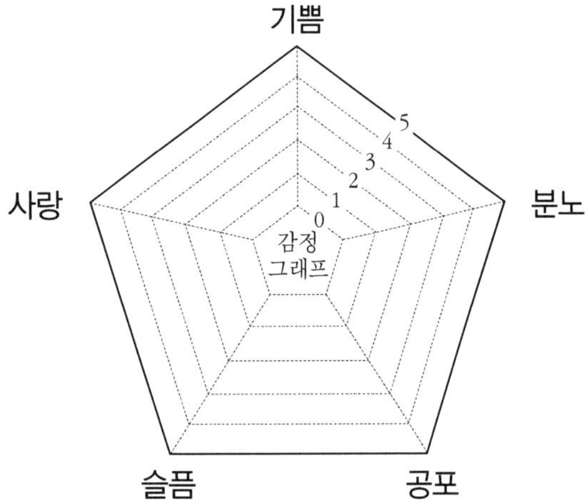

상황　행동　판단　다짐

〈오늘의 감정일기〉

♡ 20______년 ____월 ____일 감정일기를 작성하여 봅시다.

〈감정이름:　　　　　　　〉

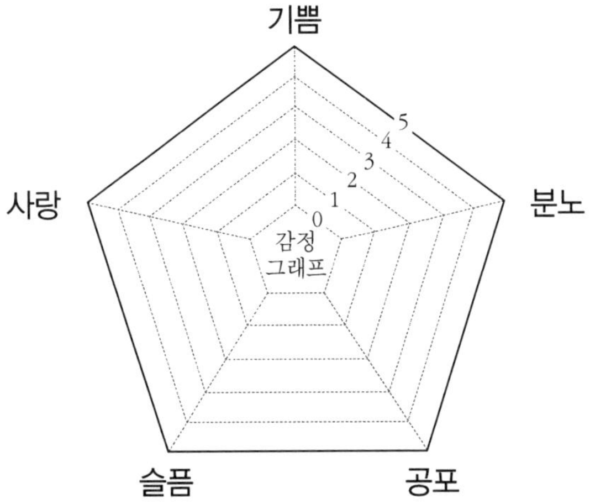

상황　행동　판단　다짐

〈오늘의 감정일기〉

♡ 20______년 ____월 ____일 감정일기를 작성하여 봅시다.

〈감정이름:　　　　　　　〉

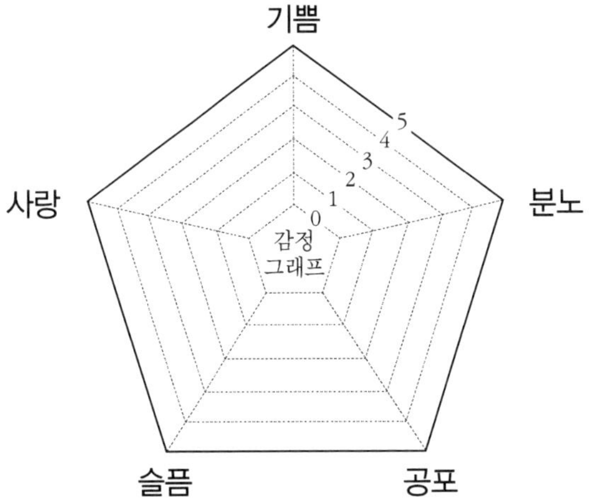

상황　행동　판단　다짐

〈오늘의 감정일기〉

♡ 20______년 _____월 _____일 감정일기를 작성하여 봅시다.

〈감정이름: 〉

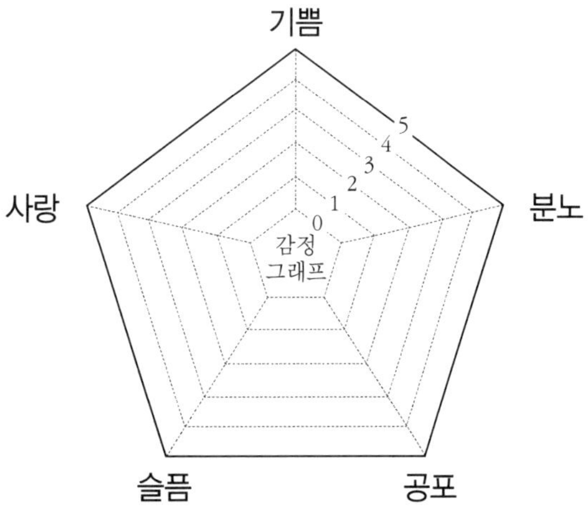

상황　행동　판단　다짐

〈오늘의 감정일기〉

♡ 20______년 _____월 _____일 감정일기를 작성하여 봅시다.

〈감정이름: 〉

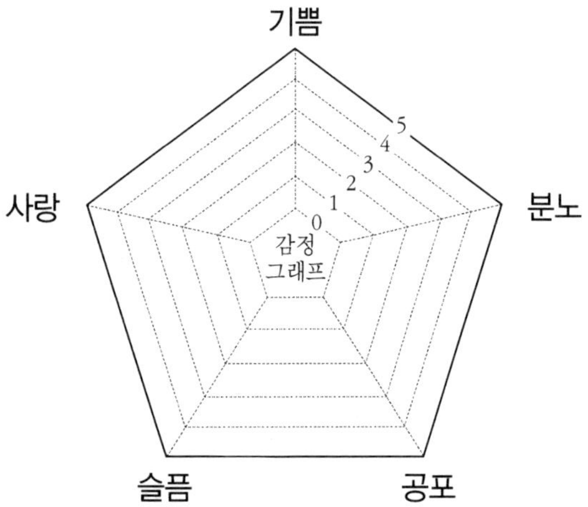

상황　행동　판단　다짐

〈오늘의 감정일기〉

♡ 20______년 ____월 ____일 감정일기를 작성하여 봅시다.

〈감정이름: 〉

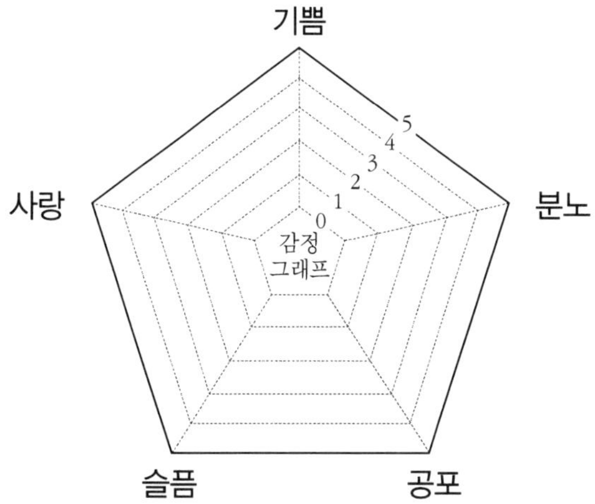

상황 행동 판단 다짐

〈오늘의 감정일기〉

♡ 20______년 ____월 ____일 감정일기를 작성하여 봅시다.

〈감정이름: 〉

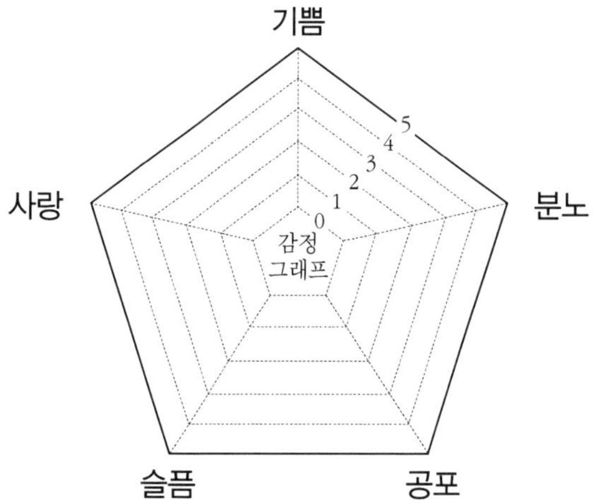

상황 행동 판단 다짐

〈오늘의 감정일기〉

♡ 20______년 ____월 ____일 감정일기를 작성하여 봅시다.

〈감정이름: 〉

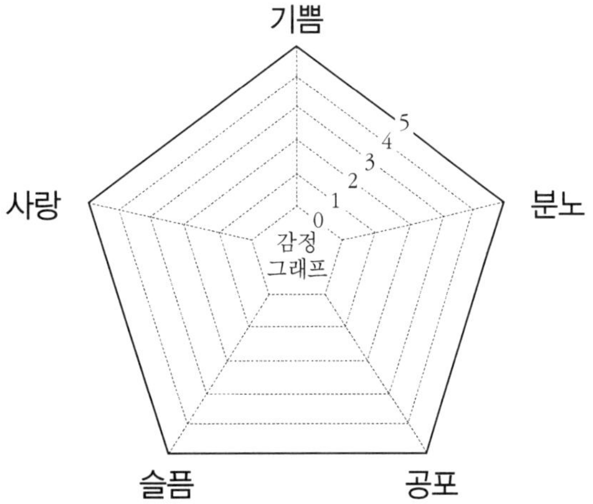

상황　행동　판단　다짐

〈오늘의 감정일기〉

♡ 20______년 ____월 ____일 감정일기를 작성하여 봅시다.

〈감정이름: 〉

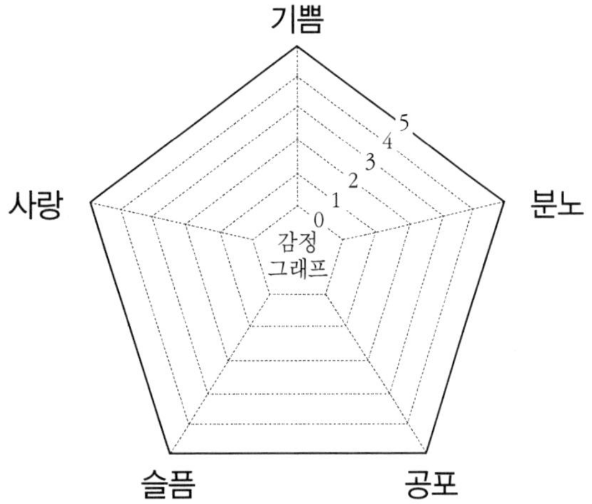

상황　행동　판단　다짐

〈오늘의 감정일기〉

♡ 20______년 ____월 ____일 감정일기를 작성하여 봅시다.

〈감정이름: 〉

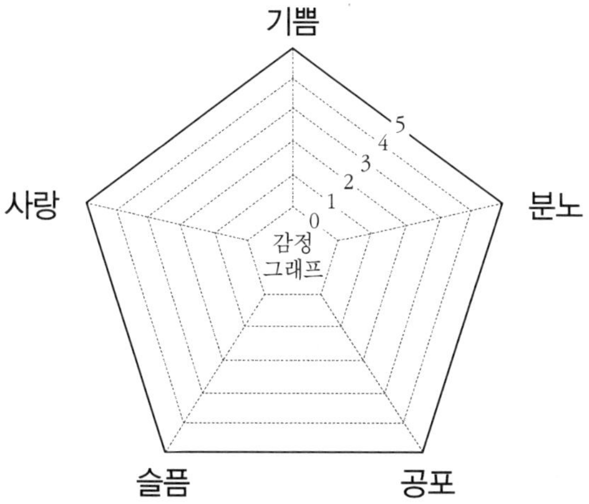

상황 행동 판단 다짐

〈오늘의 감정일기〉

♡ 20______년 ____월 ____일 감정일기를 작성하여 봅시다.

〈감정이름: 〉

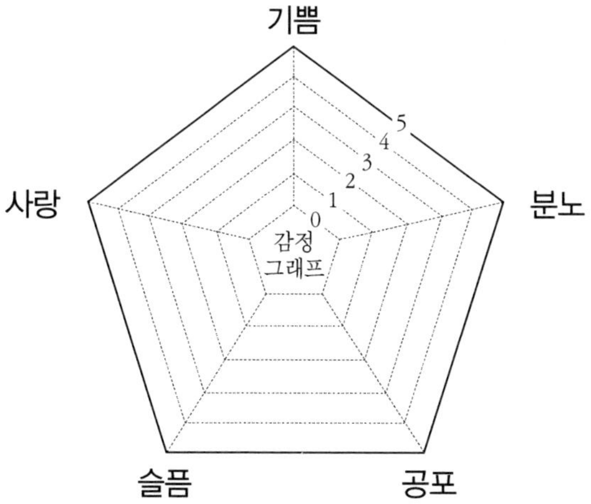

상황 행동 판단 다짐

〈오늘의 감정일기〉

♡ 20____년 ____월 ____일 감정일기를 작성하여 봅시다.

〈감정이름: 〉

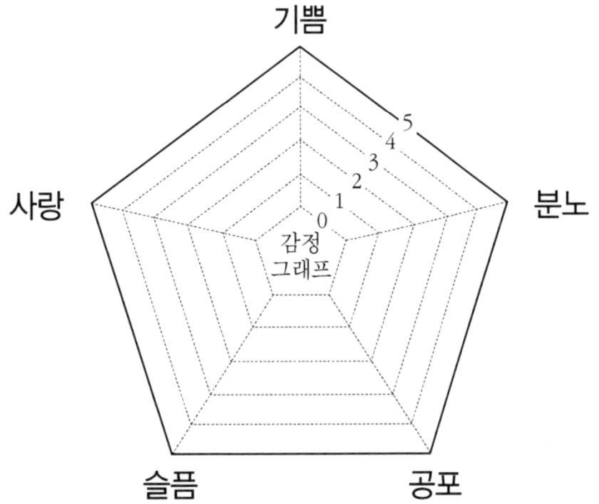

상황 행동 판단 다짐

〈오늘의 감정일기〉

♡ 20____년 ____월 ____일 감정일기를 작성하여 봅시다.

〈감정이름: 〉

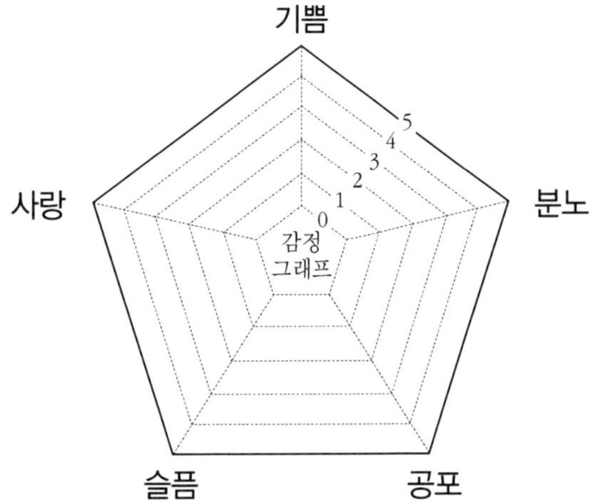

상황 행동 판단 다짐

〈오늘의 감정일기〉

♡ 20______년 ____월 ____일 감정일기를 작성하여 봅시다.

〈감정이름: 〉

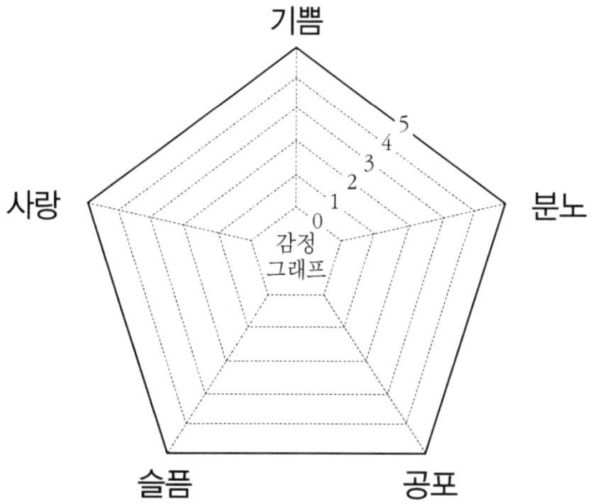

상황 행동 판단 다짐

〈오늘의 감정일기〉

♡ 20______년 ____월 ____일 감정일기를 작성하여 봅시다.

〈감정이름: 〉

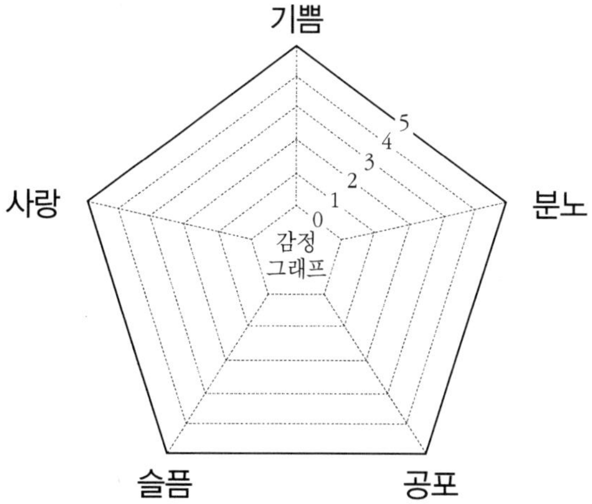

상황 행동 판단 다짐

〈오늘의 감정일기〉

♡ 20______년 ____월 ____일 감정일기를 작성하여 봅시다.

〈감정이름: 〉

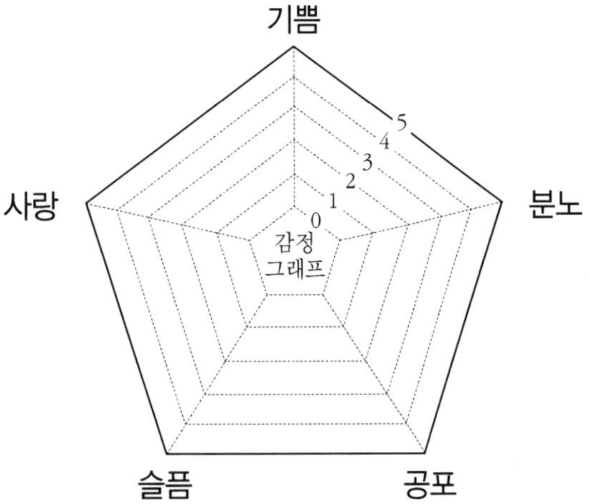

상황 행동 판단 다짐

〈오늘의 감정일기〉

♡ 20______년 ____월 ____일 감정일기를 작성하여 봅시다.

〈감정이름: 〉

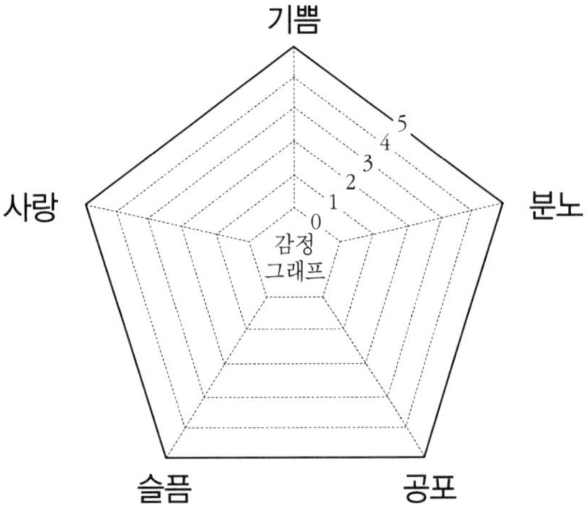

상황 행동 판단 다짐

〈오늘의 감정일기〉

♡ 20______년 ______월 ______일 감정일기를 작성하여 봅시다.

〈감정이름: 〉

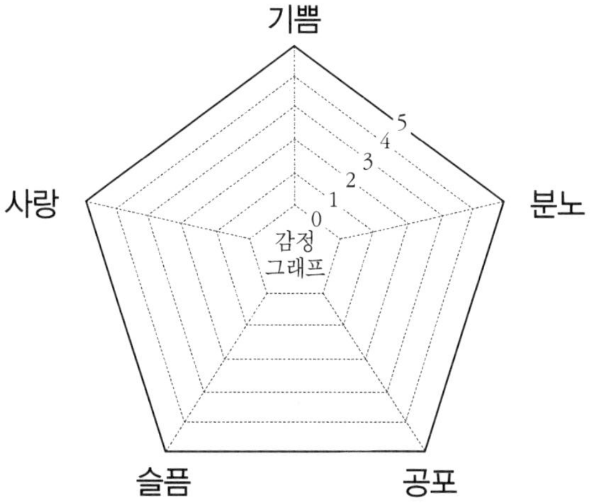

상황 행동 판단 다짐

〈오늘의 감정일기〉

♡ 20______년 ______월 ______일 감정일기를 작성하여 봅시다.

〈감정이름: 〉

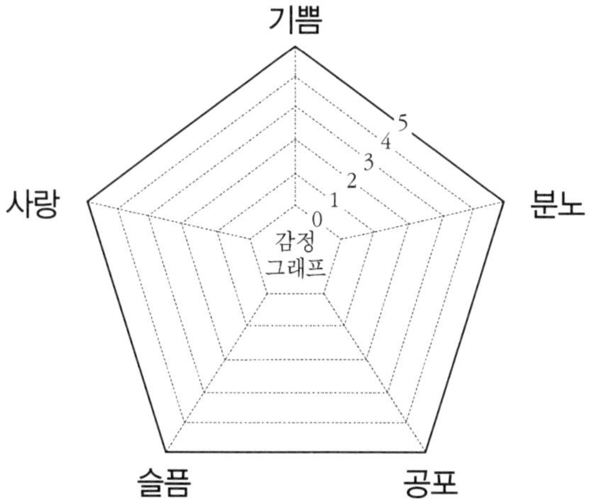

상황 행동 판단 다짐

〈오늘의 감정일기〉

♡ 20______년 _____월 _____일 감정일기를 작성하여 봅시다.

〈감정이름: 〉

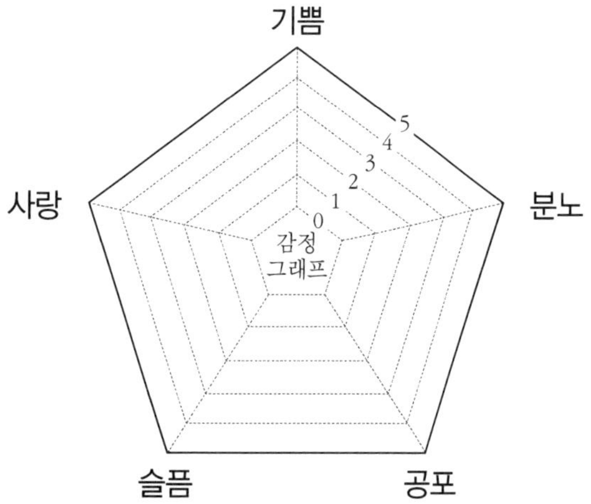

상황   행동   판단   다짐

〈오늘의 감정일기〉

♡ 20______년 _____월 _____일 감정일기를 작성하여 봅시다.

〈감정이름: 〉

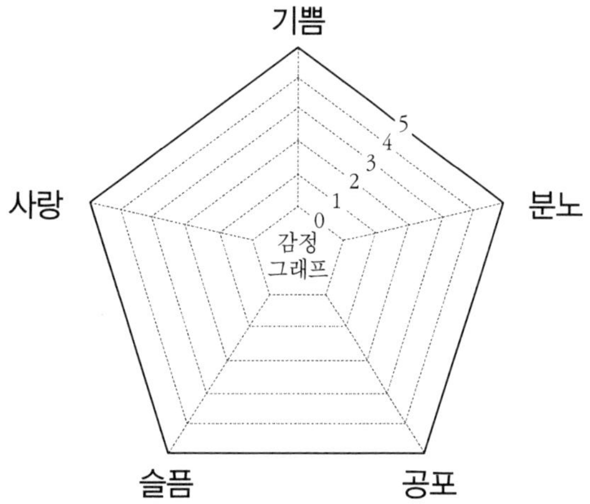

상황   행동   판단   다짐

〈오늘의 감정일기〉

♡ 20______년 ______월 ______일 감정일기를 작성하여 봅시다.

〈감정이름: 〉

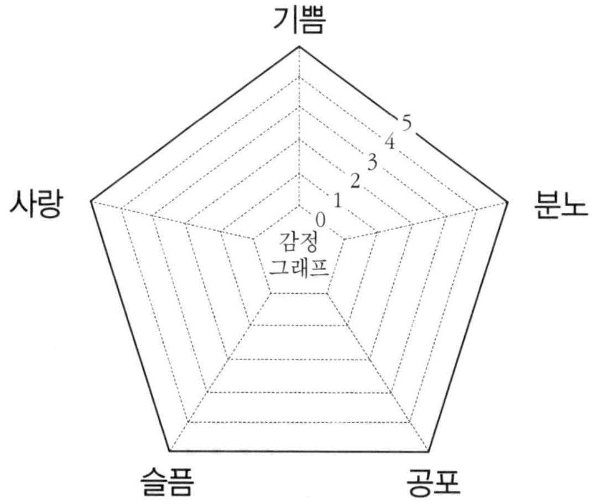

상황 행동 판단 다짐

〈오늘의 감정일기〉

♡ 20______년 ______월 ______일 감정일기를 작성하여 봅시다.

〈감정이름: 〉

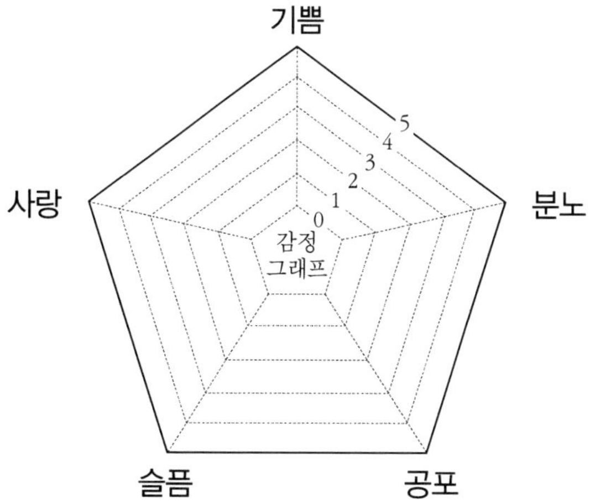

상황 행동 판단 다짐

〈오늘의 감정일기〉

♡ 20______년 _____월 _____일 감정일기를 작성하여 봅시다.

〈감정이름:　　　　　　　　〉

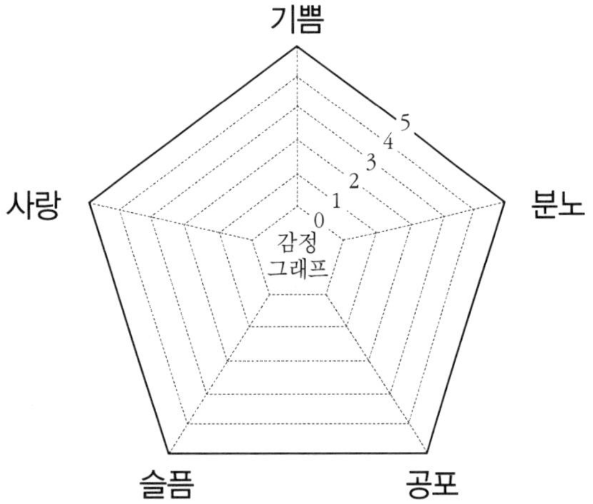

상황　행동　판단　다짐

〈오늘의 감정일기〉

♡ 20______년 _____월 _____일 감정일기를 작성하여 봅시다.

〈감정이름:　　　　　　　　〉

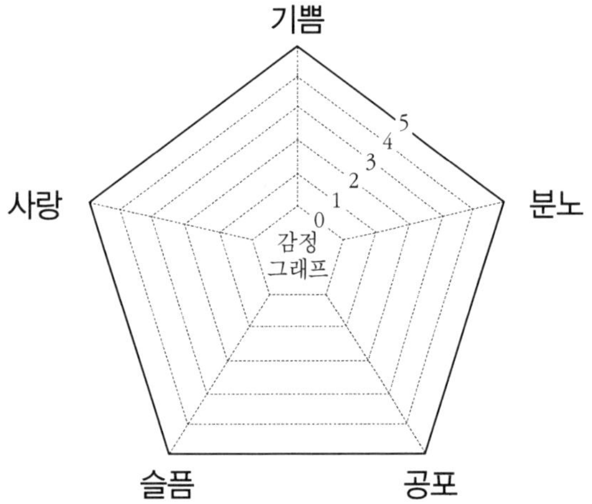

상황　행동　판단　다짐

〈오늘의 감정일기〉

♡ 20______년 ____월 ____일 감정일기를 작성하여 봅시다.

〈감정이름: 〉

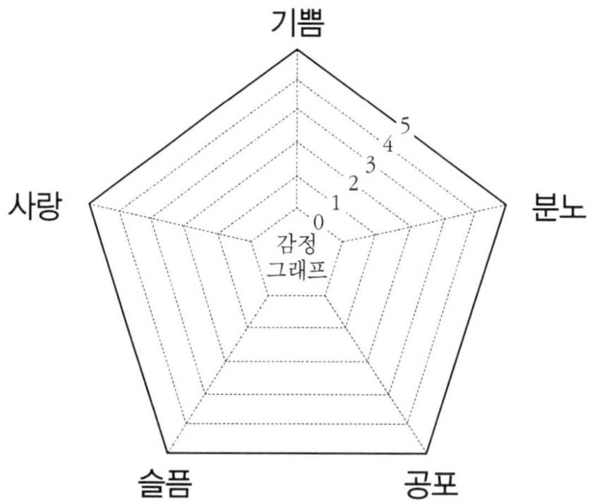

상황   행동   판단   다짐

〈오늘의 감정일기〉

♡ 20______년 ____월 ____일 감정일기를 작성하여 봅시다.

〈감정이름: 〉

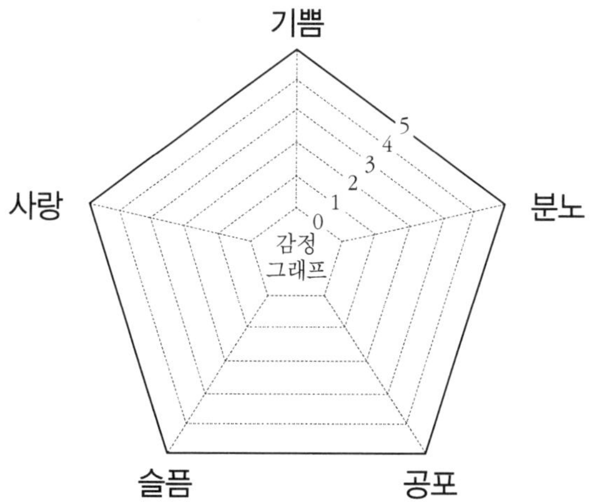

상황   행동   판단   다짐

〈오늘의 감정일기〉

♡ 20______년 _____월 _____일 감정일기를 작성하여 봅시다.

〈감정이름: 〉

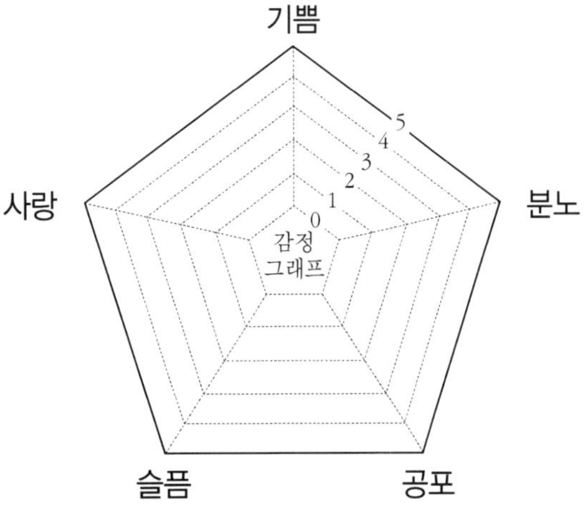

상황　행동　판단　다짐

〈오늘의 감정일기〉

♡ 20______년 _____월 _____일 감정일기를 작성하여 봅시다.

〈감정이름: 〉

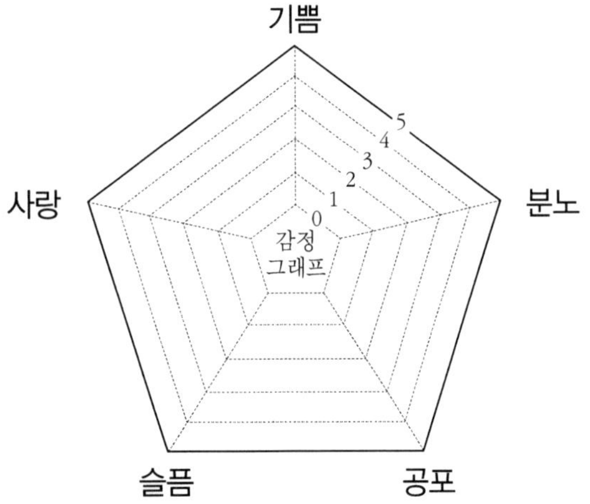

상황　행동　판단　다짐

〈오늘의 감정일기〉

♡ 20______년 ____월 ____일 감정일기를 작성하여 봅시다.

〈감정이름: 〉

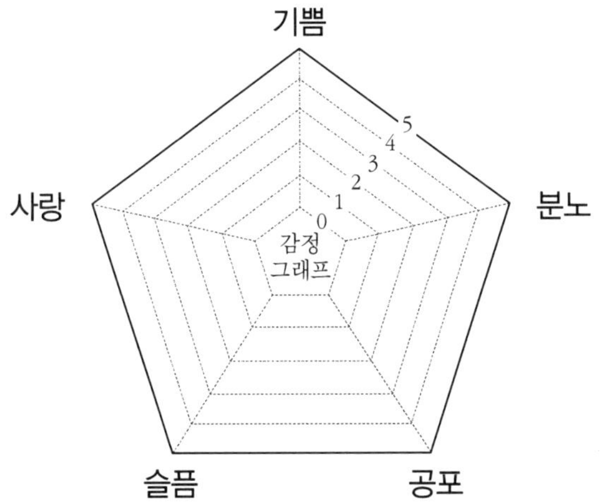

상황 행동 판단 다짐

〈오늘의 감정일기〉

♡ 20______년 ____월 ____일 감정일기를 작성하여 봅시다.

〈감정이름: 〉

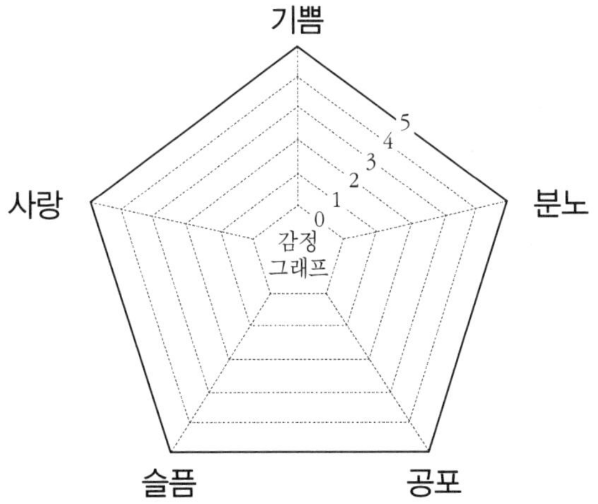

상황 행동 판단 다짐

〈오늘의 감정일기〉

♡ 20______년 ____월 ____일 감정일기를 작성하여 봅시다.

〈감정이름: 〉

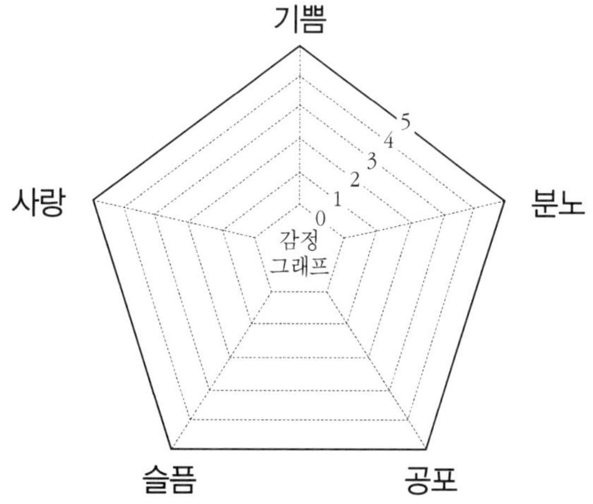

상황　행동　판단　다짐

〈오늘의 감정일기〉

♡ 20______년 ____월 ____일 감정일기를 작성하여 봅시다.

〈감정이름: 〉

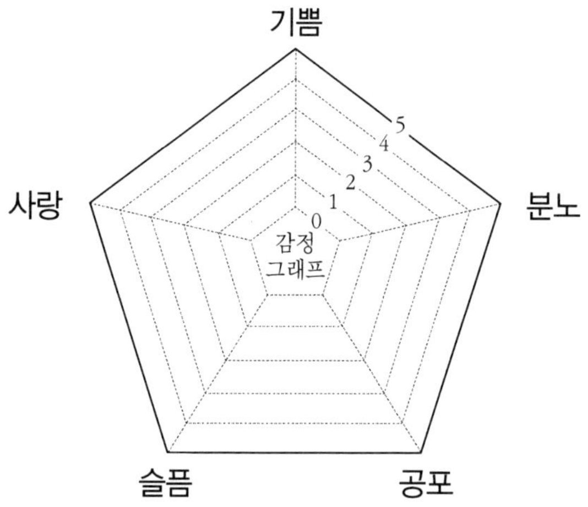

상황　행동　판단　다짐

〈오늘의 감정일기〉

♡ 20______년 ____월 ____일 감정일기를 작성하여 봅시다.

〈감정이름: 〉

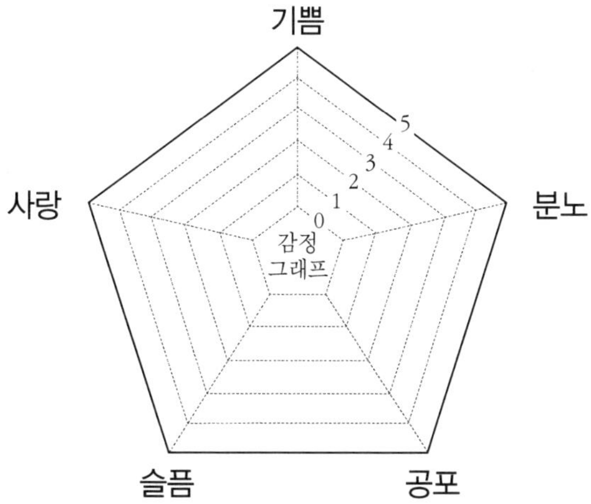

상황　행동　판단　다짐

〈오늘의 감정일기〉

♡ 20______년 ____월 ____일 감정일기를 작성하여 봅시다.

〈감정이름: 〉

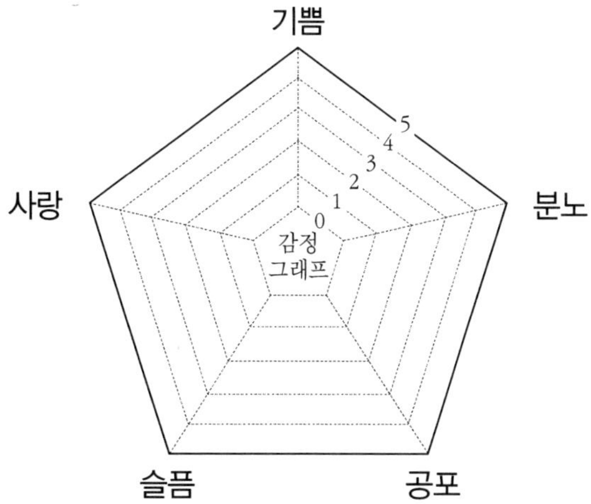

상황　행동　판단　다짐

〈오늘의 감정일기〉

♡ 20______ 년 _____ 월 _____ 일 감정일기를 작성하여 봅시다.

〈감정이름: 〉

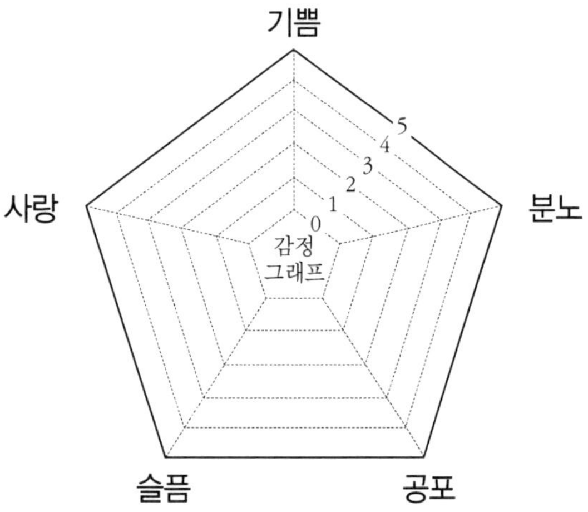

상황 행동 판단 다짐

〈오늘의 감정일기〉

♡ 20______ 년 _____ 월 _____ 일 감정일기를 작성하여 봅시다.

〈감정이름: 〉

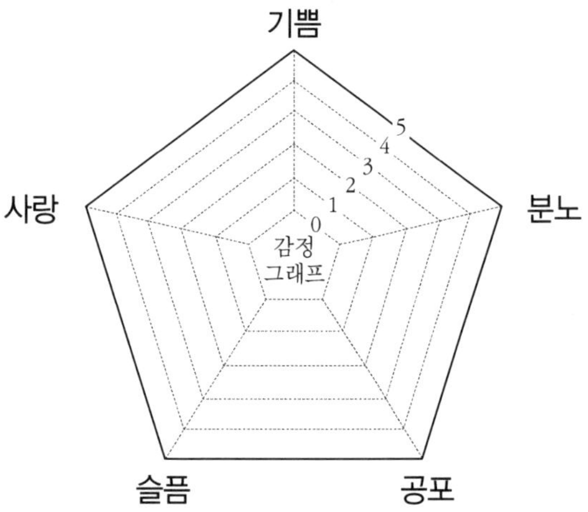

상황 행동 판단 다짐

〈오늘의 감정일기〉

♡ 20________년 _____월 _____일 감정일기를 작성하여 봅시다.

〈감정이름: 〉

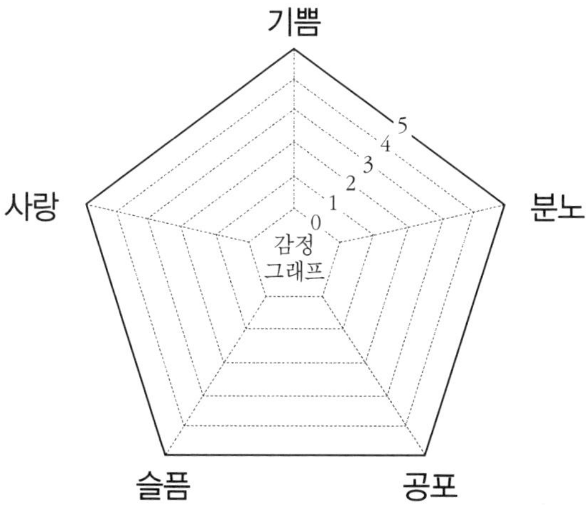

상황 행동 판단 다짐

〈오늘의 감정일기〉

♡ 20________년 _____월 _____일 감정일기를 작성하여 봅시다.

〈감정이름: 〉

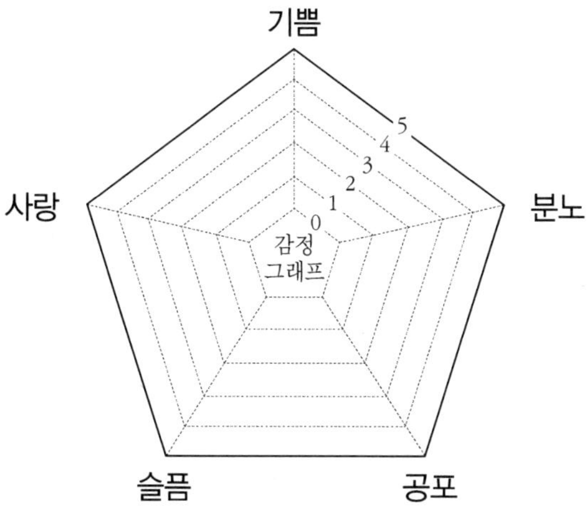

상황 행동 판단 다짐

〈오늘의 감정일기〉

♡ 20______ 년 ____ 월 ____ 일 감정일기를 작성하여 봅시다.

〈감정이름: 〉

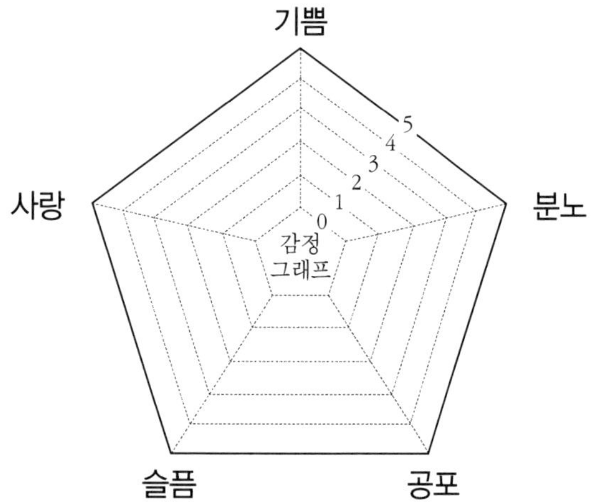

상황 행동 판단 다짐

〈오늘의 감정일기〉

♡ 20______ 년 ____ 월 ____ 일 감정일기를 작성하여 봅시다.

〈감정이름: 〉

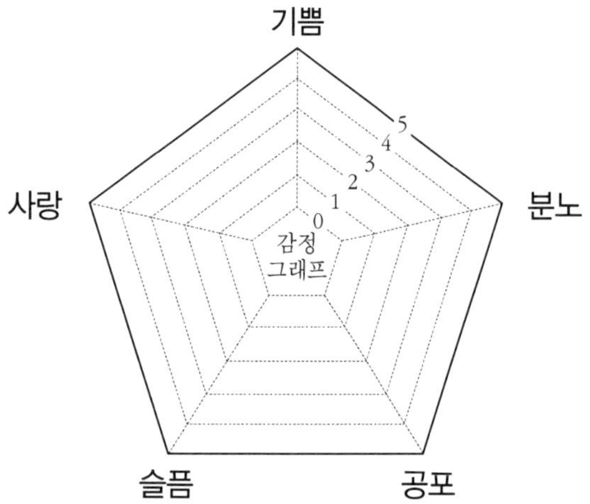

상황 행동 판단 다짐

〈오늘의 감정일기〉

♡ 20______년 ____월 ____일 감정일기를 작성하여 봅시다.

〈감정이름:　　　　　　　　〉

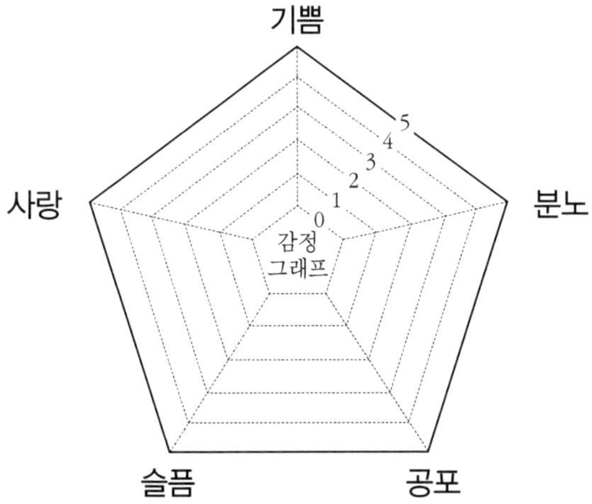

상황　행동　판단　다짐

〈오늘의 감정일기〉

♡ 20______년 ____월 ____일 감정일기를 작성하여 봅시다.

〈감정이름:　　　　　　　　〉

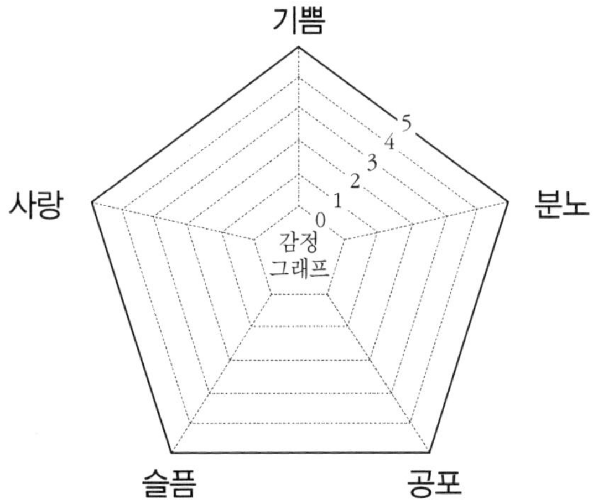

상황　행동　판단　다짐

〈오늘의 감정일기〉

♡ 20 ______ 년 ______ 월 ______ 일 감정일기를 작성하여 봅시다.

〈감정이름: 〉

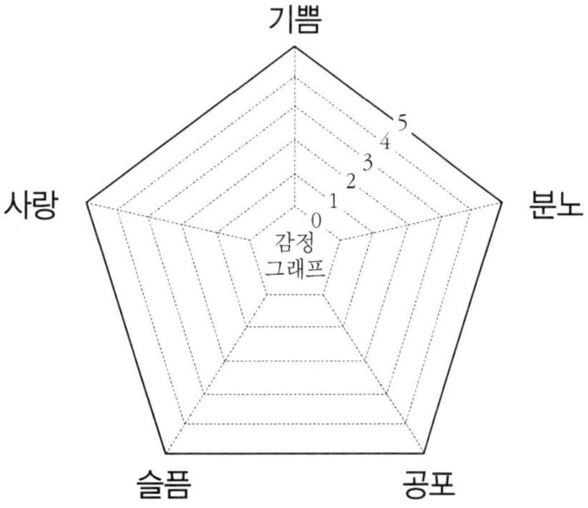

상황 행동 판단 다짐

〈오늘의 감정일기〉

♡ 20 ______ 년 ______ 월 ______ 일 감정일기를 작성하여 봅시다.

〈감정이름: 〉

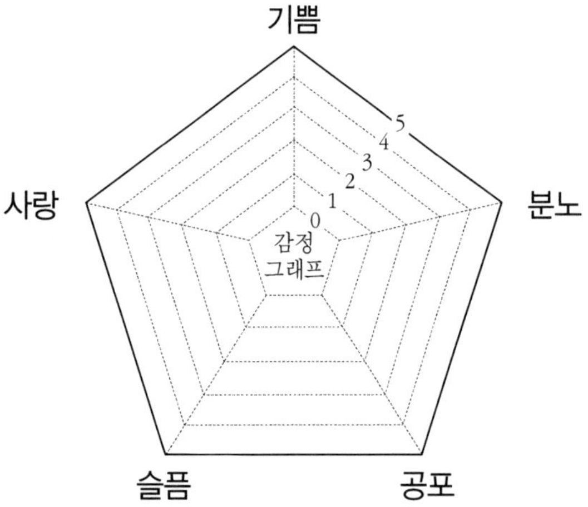

상황 행동 판단 다짐

〈오늘의 감정일기〉

♡ 20______년 _____월 _____일 감정일기를 작성하여 봅시다.

〈감정이름: 〉

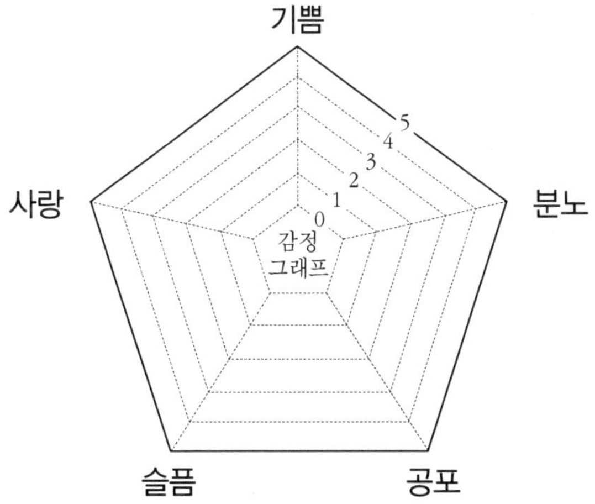

상황   행동   판단   다짐

〈오늘의 감정일기〉

♡ 20______년 _____월 _____일 감정일기를 작성하여 봅시다.

〈감정이름: 〉

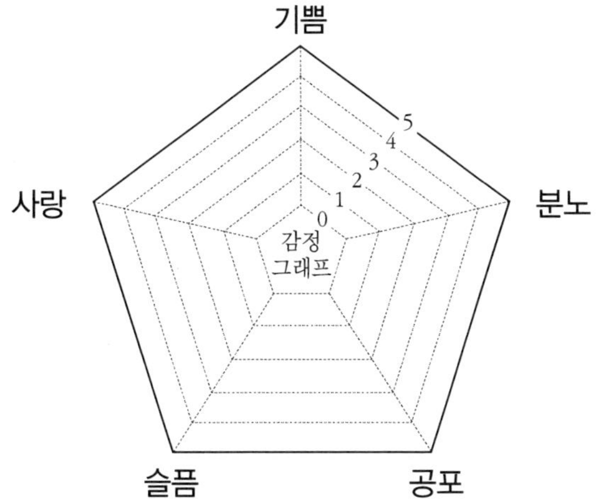

상황   행동   판단   다짐

〈오늘의 감정일기〉

♡ 20______년 ____월 ____일 감정일기를 작성하여 봅시다.

〈감정이름: 〉

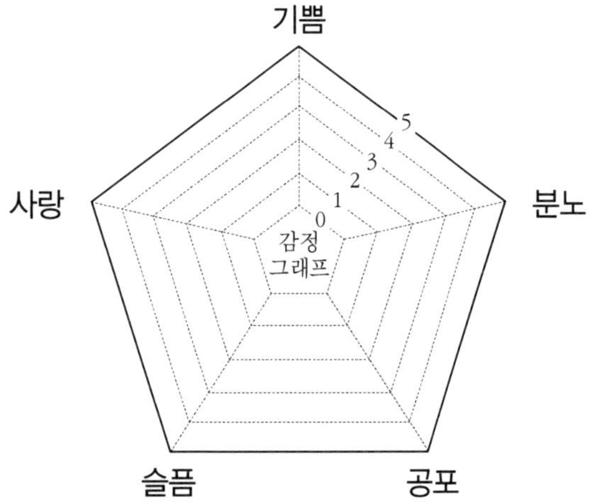

상황 행동 판단 다짐

〈오늘의 감정일기〉

♡ 20______년 ____월 ____일 감정일기를 작성하여 봅시다.

〈감정이름: 〉

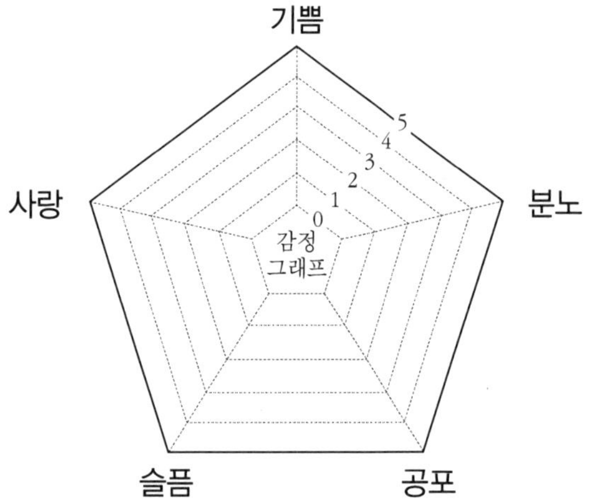

상황 행동 판단 다짐

〈오늘의 감정일기〉

♡ 20______ 년 ____ 월 ____ 일 감정일기를 작성하여 봅시다.

〈감정이름: 〉

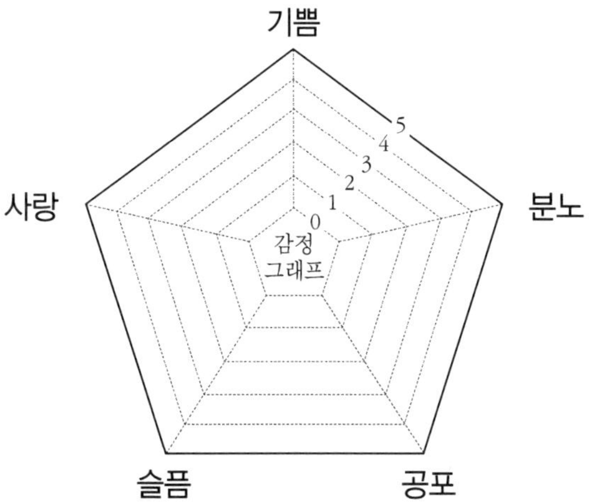

상황　행동　판단　다짐

〈오늘의 감정일기〉

♡ 20______ 년 ____ 월 ____ 일 감정일기를 작성하여 봅시다.

〈감정이름: 〉

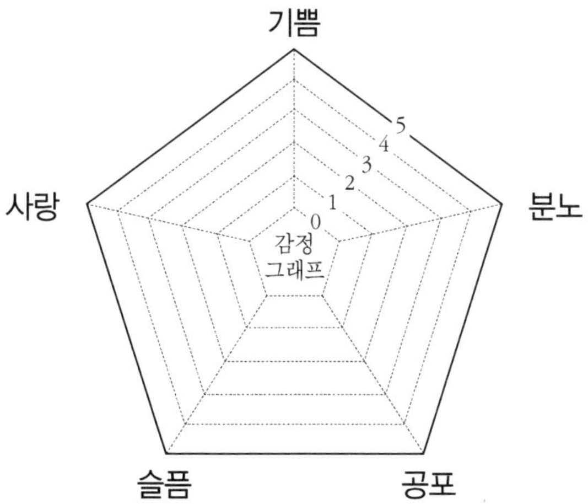

상황　행동　판단　다짐

〈오늘의 감정일기〉

♡ 20______ 년 _____ 월 _____ 일 감정일기를 작성하여 봅시다.

〈감정이름: 〉

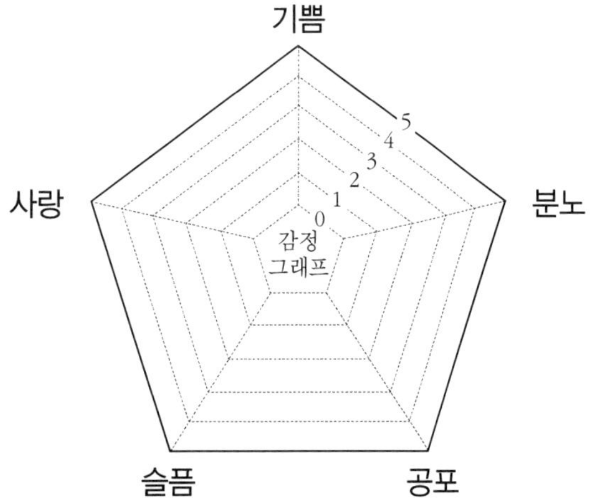

상황　행동　판단　다짐

〈오늘의 감정일기〉

♡ 20______ 년 _____ 월 _____ 일 감정일기를 작성하여 봅시다.

〈감정이름: 〉

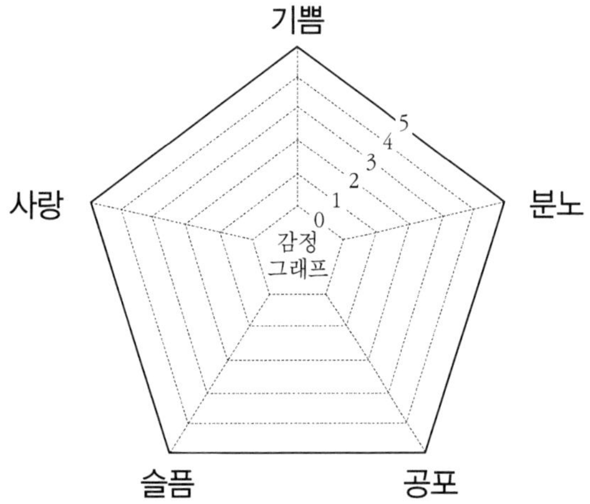

상황　행동　판단　다짐

〈오늘의 감정일기〉

♡ 20________년 ______월 ______일 감정일기를 작성하여 봅시다.

〈감정이름: 〉

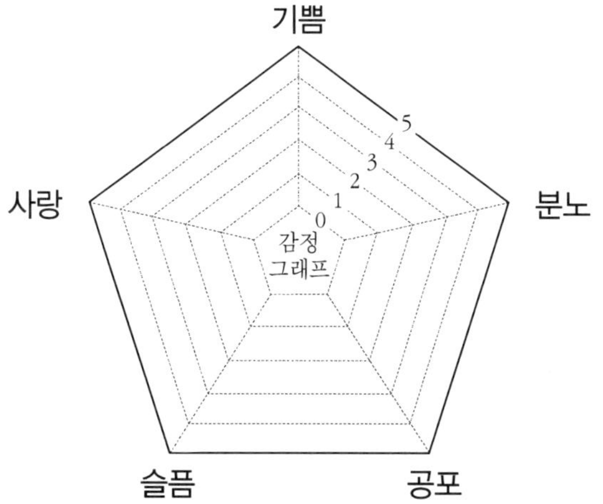

상황 행동 판단 다짐

〈오늘의 감정일기〉

♡ 20________년 ______월 ______일 감정일기를 작성하여 봅시다.

〈감정이름: 〉

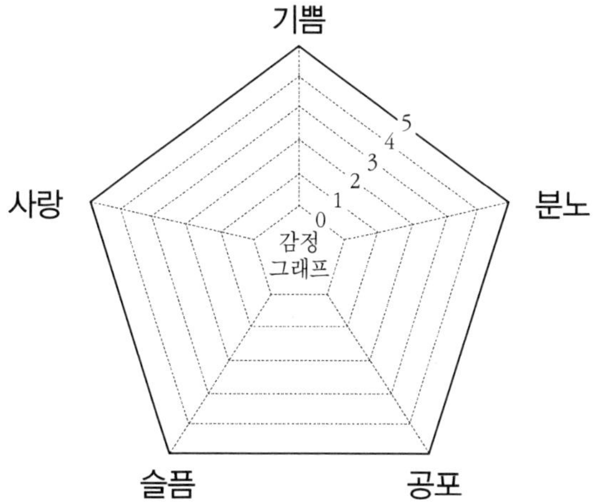

상황 행동 판단 다짐

〈오늘의 감정일기〉

♡ 20______년 ____월 ____일 감정일기를 작성하여 봅시다.

〈감정이름: 〉

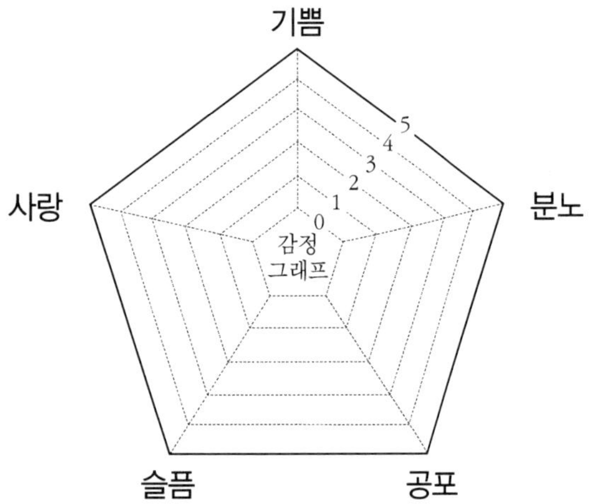

상황　행동　판단　다짐

〈오늘의 감정일기〉

♡ 20______년 ____월 ____일 감정일기를 작성하여 봅시다.

〈감정이름: 〉

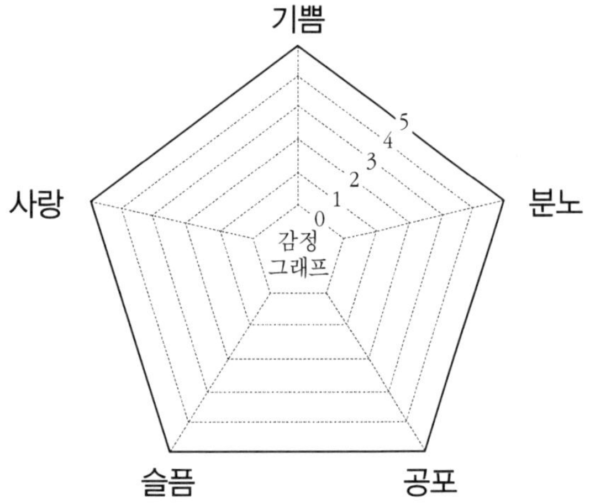

상황　행동　판단　다짐

〈오늘의 감정일기〉

♡ 20______년 ____월 ____일 감정일기를 작성하여 봅시다.

〈감정이름: 〉

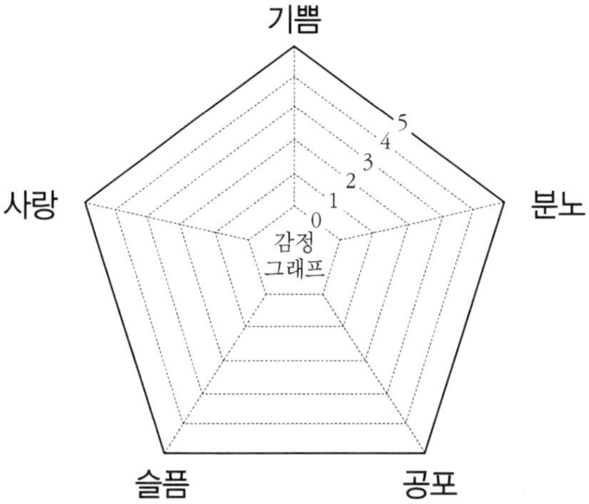

상황 행동 판단 다짐

〈오늘의 감정일기〉

♡ 20______년 ____월 ____일 감정일기를 작성하여 봅시다.

〈감정이름: 〉

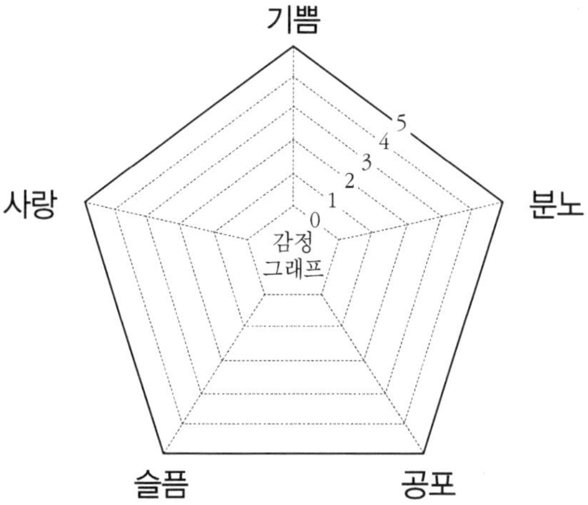

상황 행동 판단 다짐

〈오늘의 감정일기〉

♡ 20______년 ____월 ____일 감정일기를 작성하여 봅시다.

〈감정이름: 〉

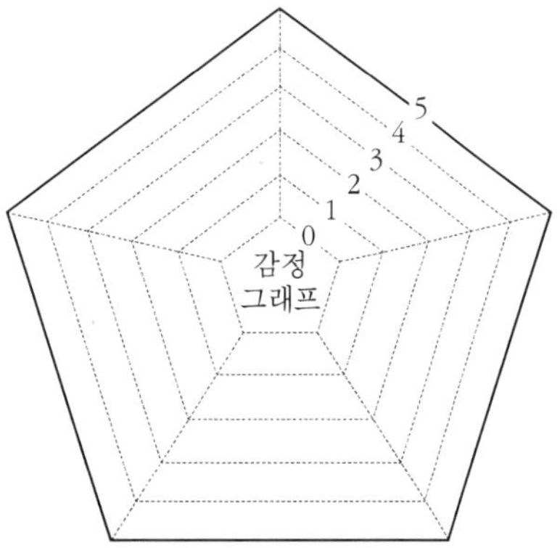

상황 행동 판단 다짐

〈오늘의 감정일기〉

♡ 20______년 ____월 ____일 감정일기를 작성하여 봅시다.

〈감정이름: 〉

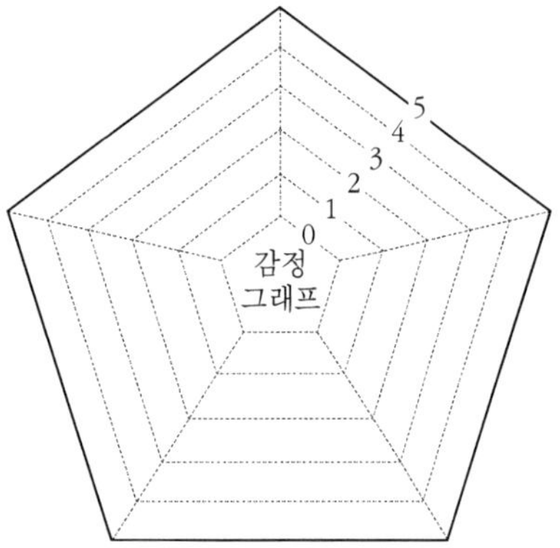

상황 행동 판단 다짐

〈오늘의 감정일기〉

♡ 20______년 _____월 _____일 감정일기를 작성하여 봅시다.

〈감정이름: 〉

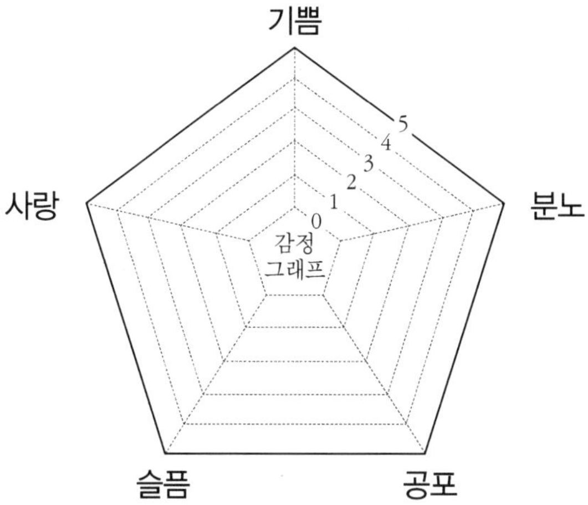

상황　행동　판단　다짐

〈오늘의 감정일기〉

♡ 20______년 _____월 _____일 감정일기를 작성하여 봅시다.

〈감정이름: 〉

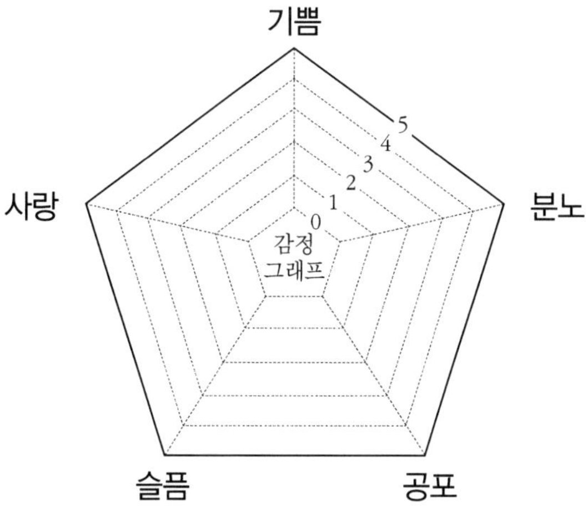

상황　행동　판단　다짐

〈오늘의 감정일기〉

♡ 20______년 ____월 ____일 감정일기를 작성하여 봅시다.

〈감정이름: 〉

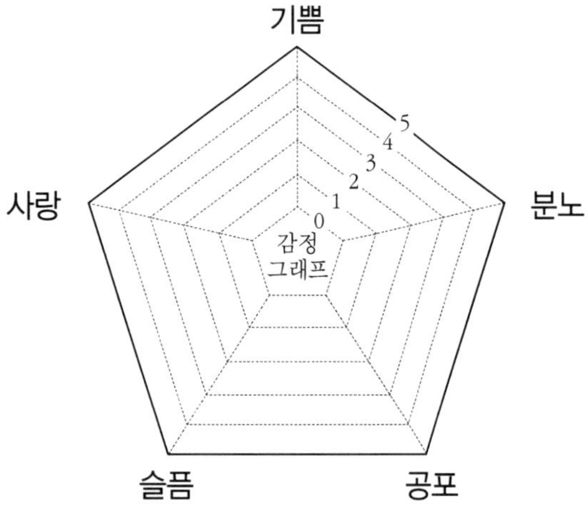

상황 행동 판단 다짐

〈오늘의 감정일기〉

♡ 20______년 ____월 ____일 감정일기를 작성하여 봅시다.

〈감정이름: 〉

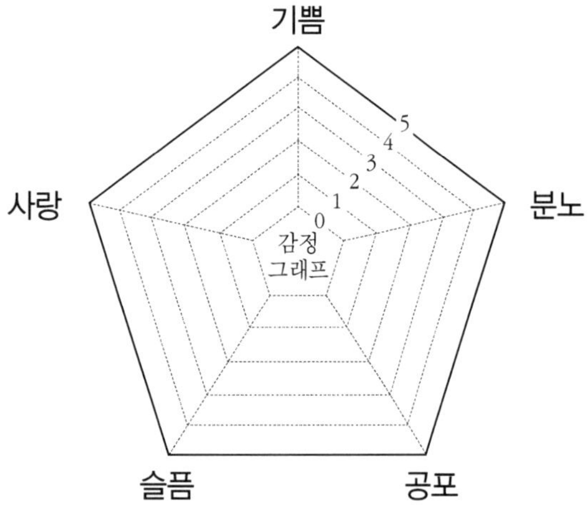

상황 행동 판단 다짐

〈오늘의 감정일기〉

♡ 20______년 ______월 ______일 감정일기를 작성하여 봅시다.

〈감정이름:　　　　　　　　〉

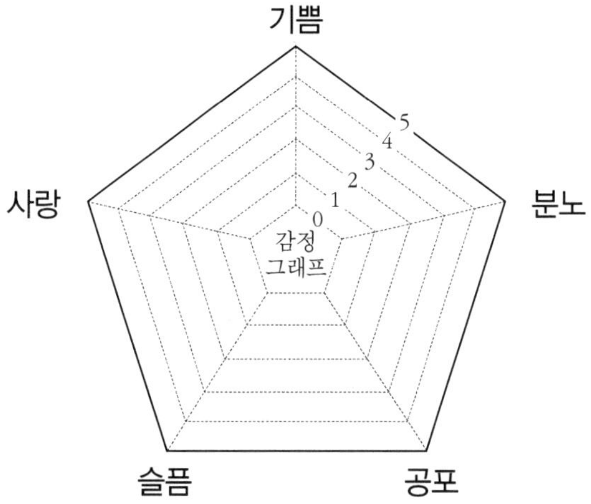

상황　행동　판단　다짐

〈오늘의 감정일기〉

♡ 20______년 ______월 ______일 감정일기를 작성하여 봅시다.

〈감정이름:　　　　　　　　〉

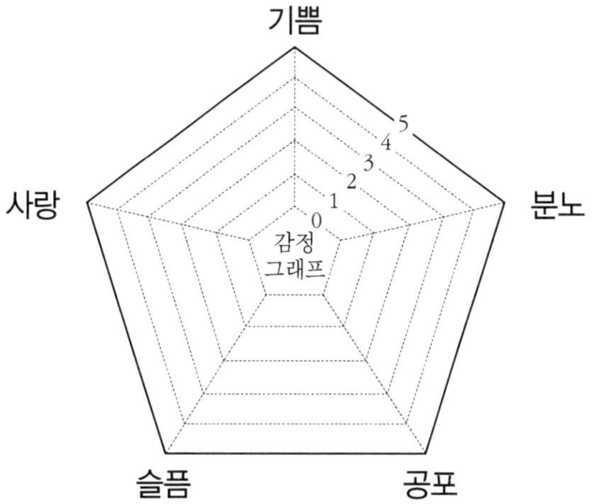

상황　행동　판단　다짐

〈오늘의 감정일기〉

♡ 20______년 ____월 ____일 감정일기를 작성하여 봅시다.

〈감정이름: 〉

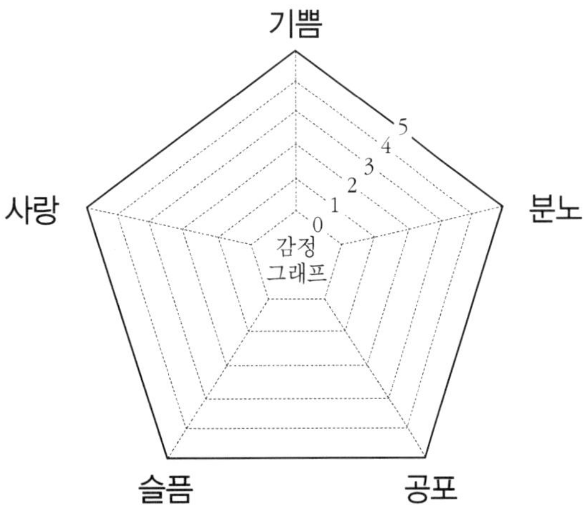

상황 행동 판단 다짐

〈오늘의 감정일기〉

♡ 20______년 ____월 ____일 감정일기를 작성하여 봅시다.

〈감정이름: 〉

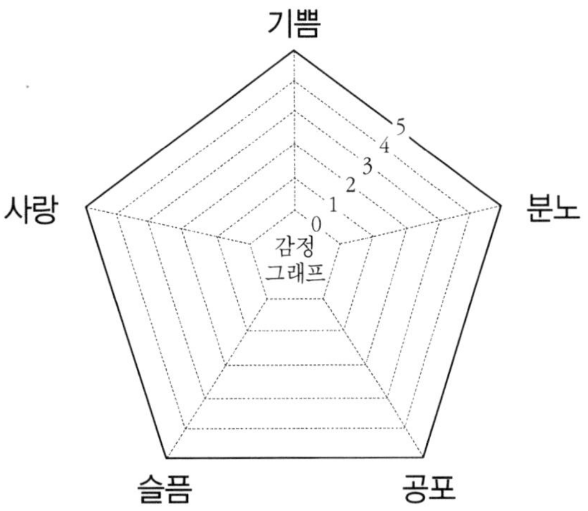

상황 행동 판단 다짐

〈오늘의 감정일기〉

♡ 20______년 _____월 _____일 감정일기를 작성하여 봅시다.

〈감정이름: 〉

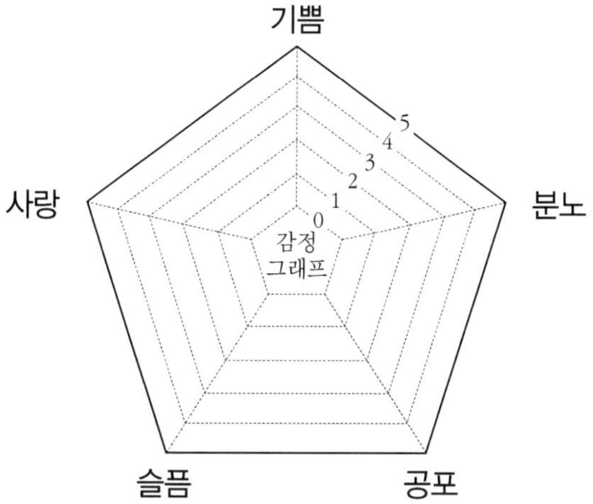

상황 행동 판단 다짐

〈오늘의 감정일기〉

♡ 20______년 _____월 _____일 감정일기를 작성하여 봅시다.

〈감정이름: 〉

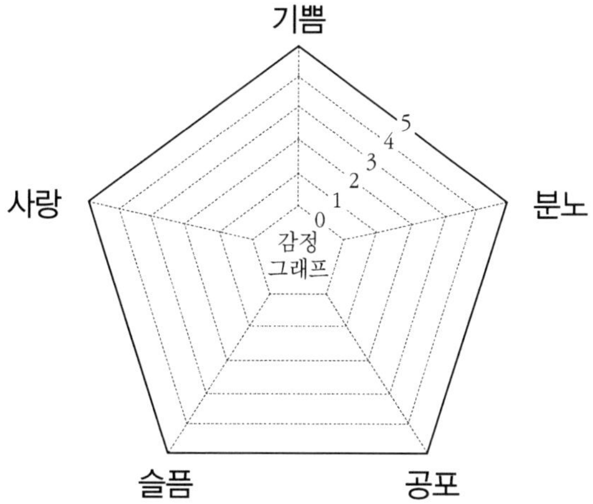

상황 행동 판단 다짐

〈오늘의 감정일기〉

♡ 20______년 ____월 ____일 감정일기를 작성하여 봅시다.

〈감정이름: 〉

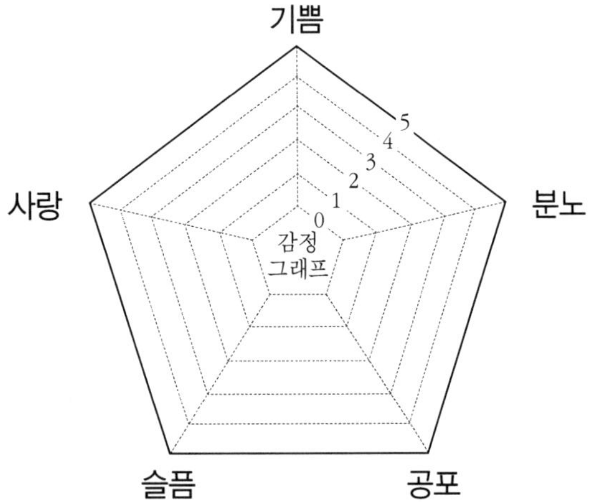

상황 행동 판단 다짐

〈오늘의 감정일기〉

♡ 20______년 ____월 ____일 감정일기를 작성하여 봅시다.

〈감정이름: 〉

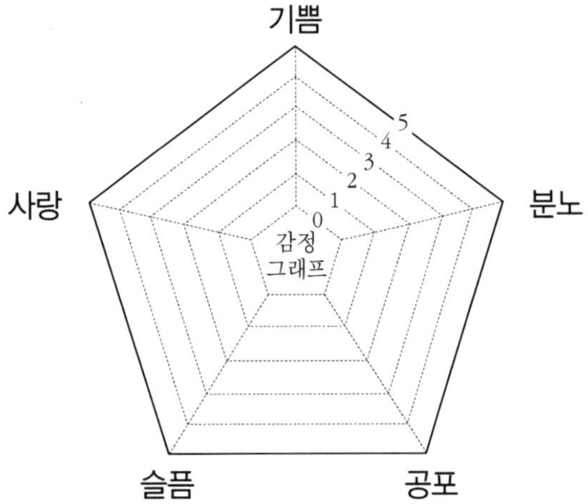

상황 행동 판단 다짐

〈오늘의 감정일기〉

♡ 20______년 ______월 ______일 감정일기를 작성하여 봅시다.

〈감정이름: 〉

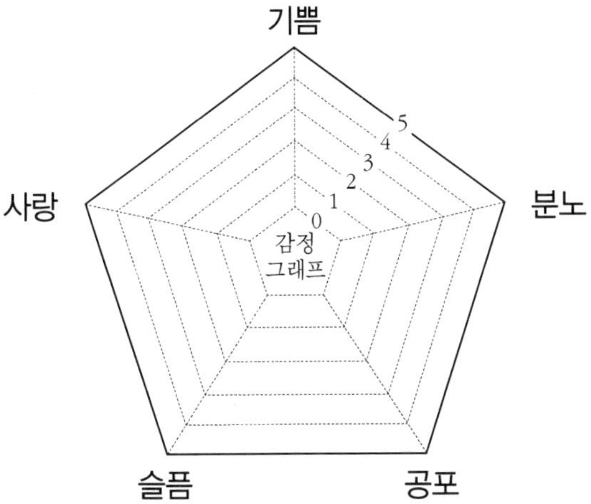

상황　행동　판단　다짐

〈오늘의 감정일기〉

♡ 20______년 ______월 ______일 감정일기를 작성하여 봅시다.

〈감정이름: 〉

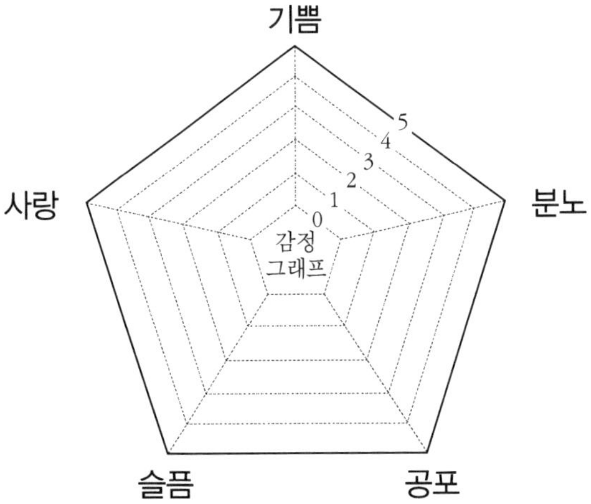

상황　행동　판단　다짐

〈오늘의 감정일기〉

♡ 20______년 _____월 _____일 감정일기를 작성하여 봅시다.

〈감정이름: 〉

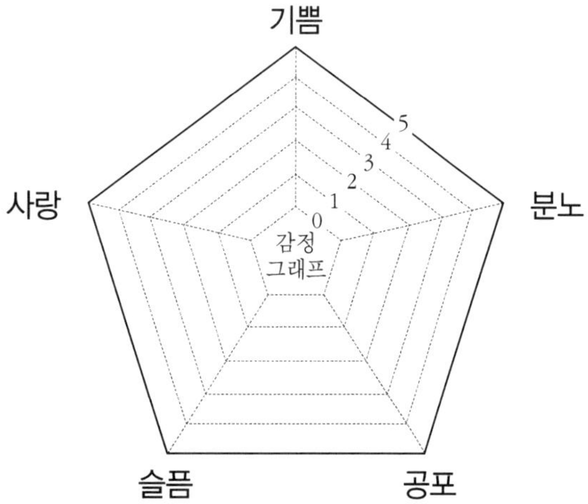

상황 행동 판단 다짐

〈오늘의 감정일기〉

♡ 20______년 _____월 _____일 감정일기를 작성하여 봅시다.

〈감정이름: 〉

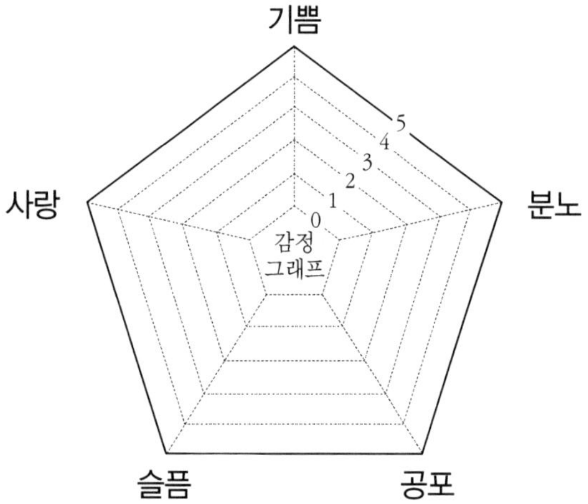

상황 행동 판단 다짐

〈오늘의 감정일기〉

♡ 20________ 년 _____ 월 _____ 일 감정일기를 작성하여 봅시다.

〈감정이름: 〉

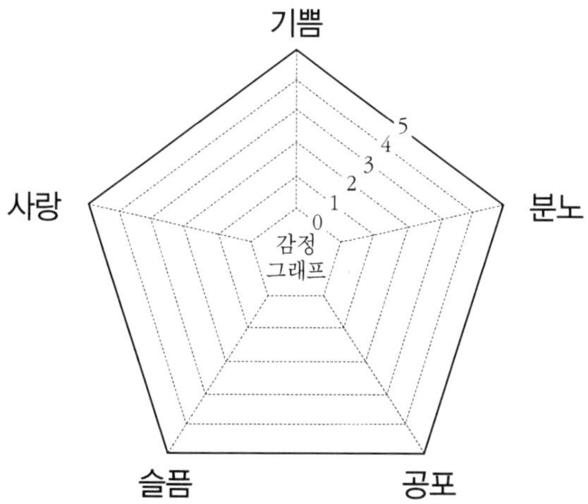

상황 행동 판단 다짐

〈오늘의 감정일기〉

♡ 20________ 년 _____ 월 _____ 일 감정일기를 작성하여 봅시다.

〈감정이름: 〉

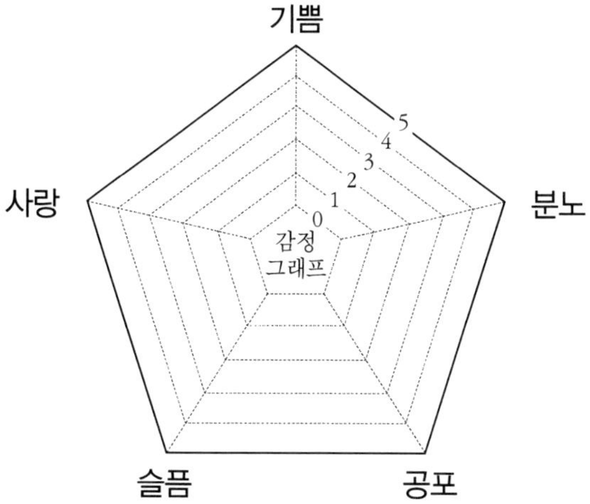

상황 행동 판단 다짐

〈오늘의 감정일기〉

♡ 20______년 ____월 ____일 감정일기를 작성하여 봅시다.

〈감정이름: 〉

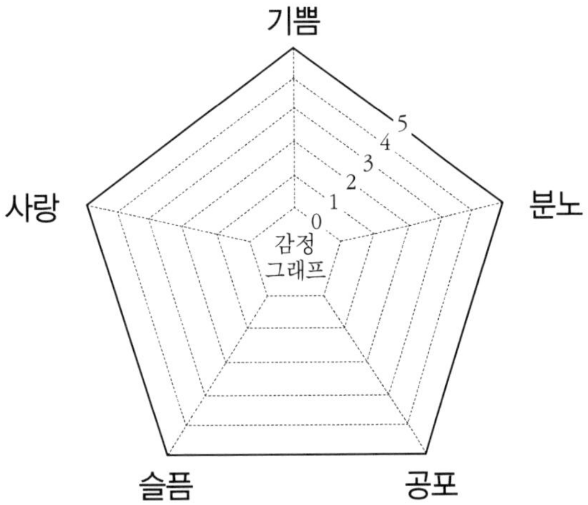

상황　행동　판단　다짐

〈오늘의 감정일기〉

♡ 20______년 ____월 ____일 감정일기를 작성하여 봅시다.

〈감정이름: 〉

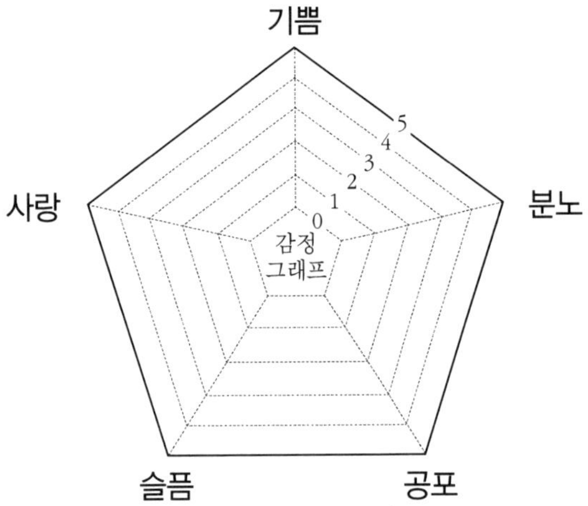

상황　행동　판단　다짐

〈오늘의 감정일기〉

♡ 20______년 ____월 ____일 감정일기를 작성하여 봅시다.

〈감정이름: 〉

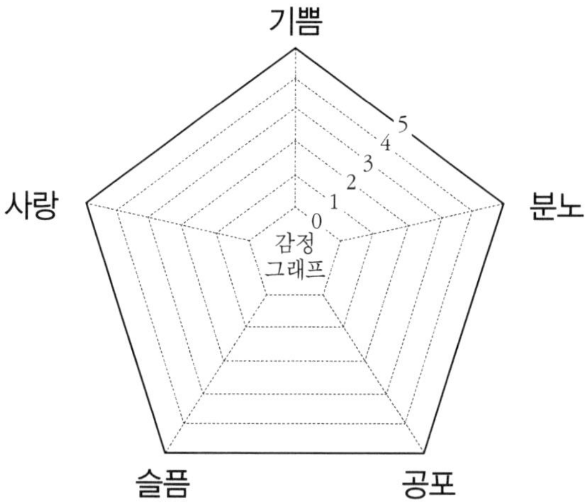

상황　행동　판단　다짐

〈오늘의 감정일기〉

♡ 20______년 ____월 ____일 감정일기를 작성하여 봅시다.

〈감정이름: 〉

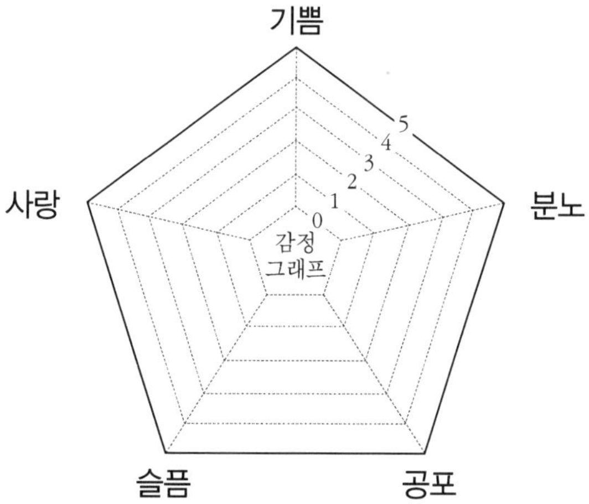

상황　행동　판단　다짐

〈오늘의 감정일기〉

♡ 20______년 _____월 _____일 감정일기를 작성하여 봅시다.

〈감정이름: 〉

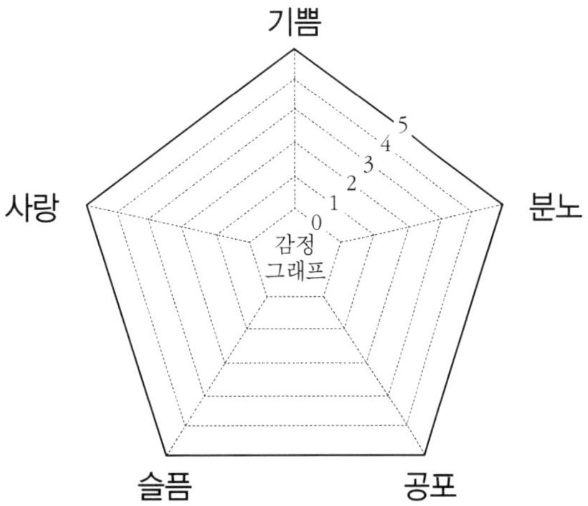

상황 행동 판단 다짐

〈오늘의 감정일기〉

♡ 20______년 _____월 _____일 감정일기를 작성하여 봅시다.

〈감정이름: 〉

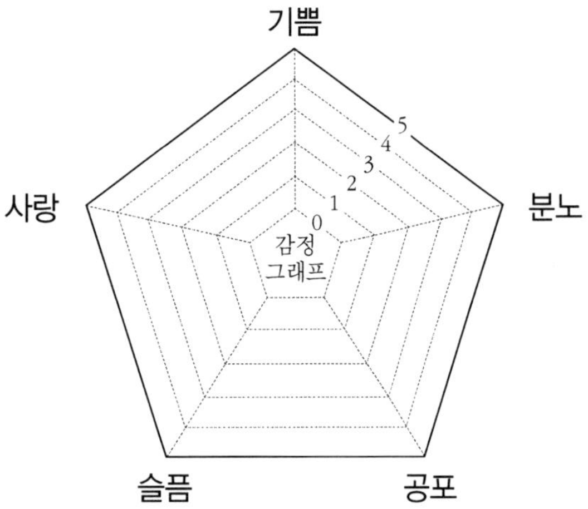

상황 행동 판단 다짐

〈오늘의 감정일기〉

♡ 20______ 년 _____ 월 _____ 일 감정일기를 작성하여 봅시다.

〈감정이름: 〉

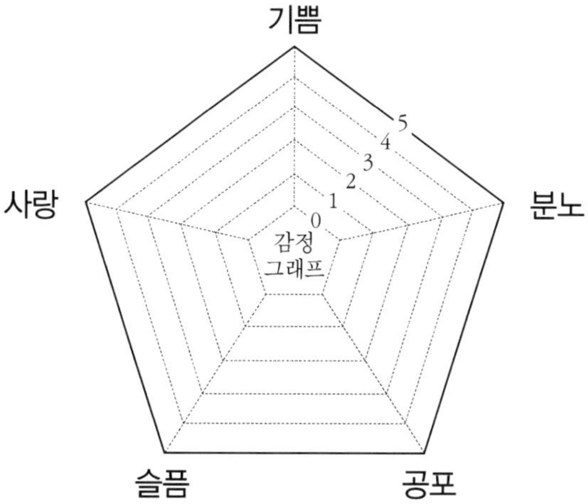

상황 행동 판단 다짐

〈오늘의 감정일기〉

♡ 20______ 년 _____ 월 _____ 일 감정일기를 작성하여 봅시다.

〈감정이름: 〉

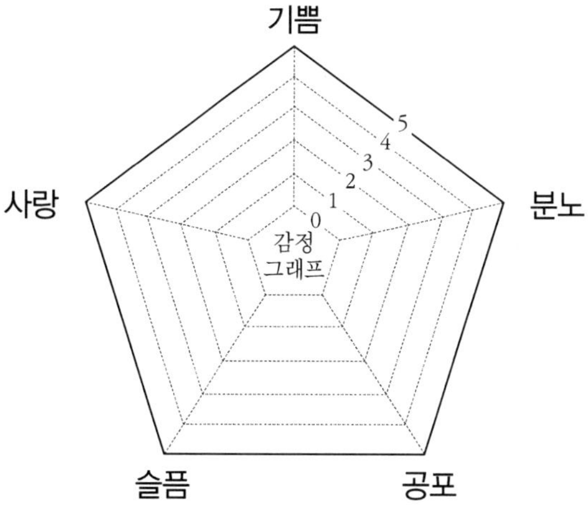

상황 행동 판단 다짐

〈오늘의 감정일기〉

♡ 20______년 ____월 ____일 감정일기를 작성하여 봅시다.

〈감정이름: 〉

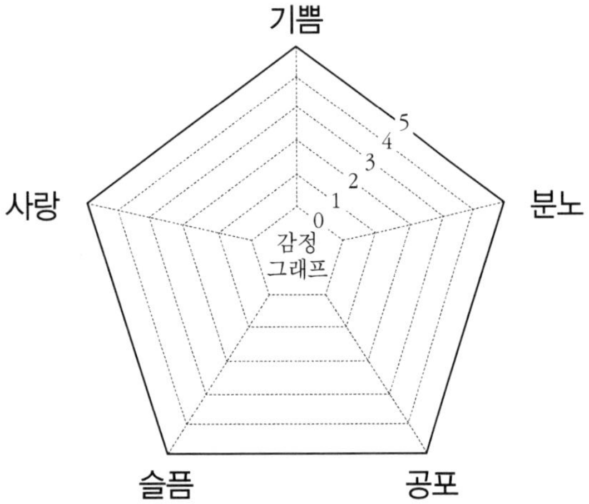

상황 행동 판단 다짐

〈오늘의 감정일기〉

♡ 20______년 ____월 ____일 감정일기를 작성하여 봅시다.

〈감정이름: 〉

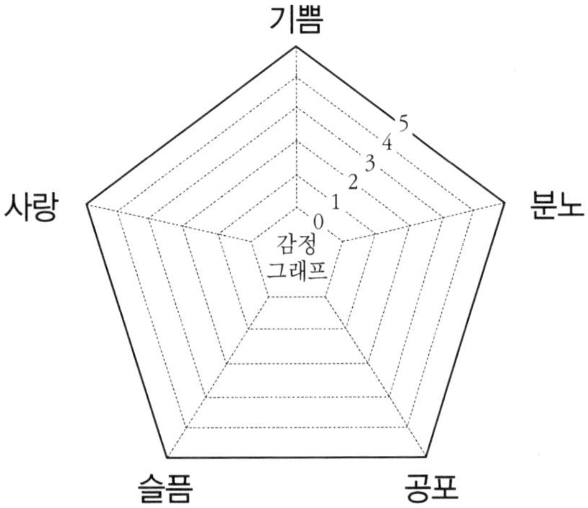

상황 행동 판단 다짐

〈오늘의 감정일기〉

♡ 20______년 ____월 ____일 감정일기를 작성하여 봅시다.

〈감정이름: 〉

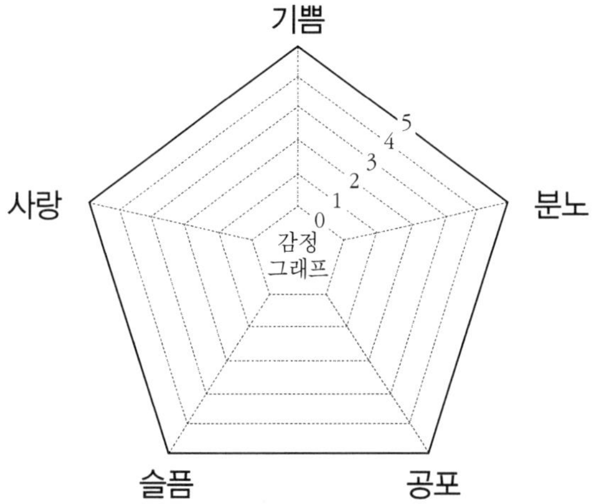

상황 행동 판단 다짐

〈오늘의 감정일기〉

♡ 20______년 ____월 ____일 감정일기를 작성하여 봅시다.

〈감정이름: 〉

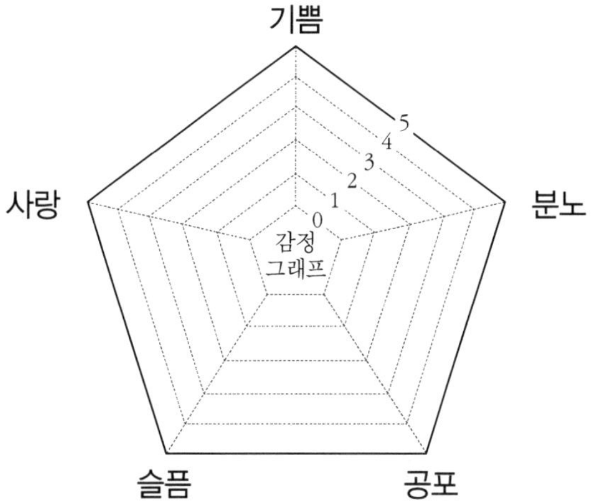

상황 행동 판단 다짐

〈오늘의 감정일기〉

♡ 20______년 ______월 ______일 감정일기를 작성하여 봅시다.

〈감정이름: 〉

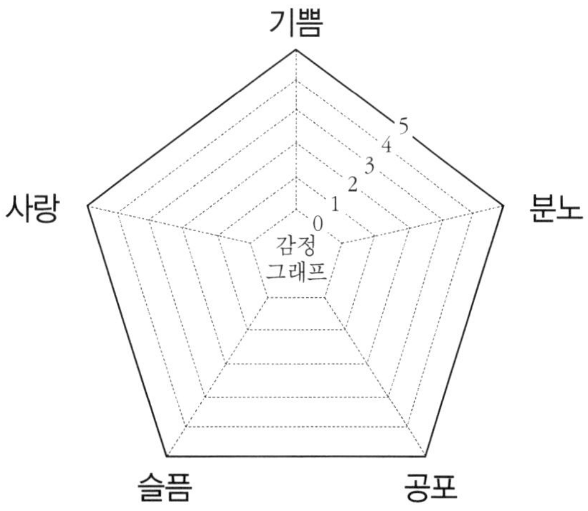

상황　행동　판단　다짐

〈오늘의 감정일기〉

♡ 20______년 ______월 ______일 감정일기를 작성하여 봅시다.

〈감정이름: 〉

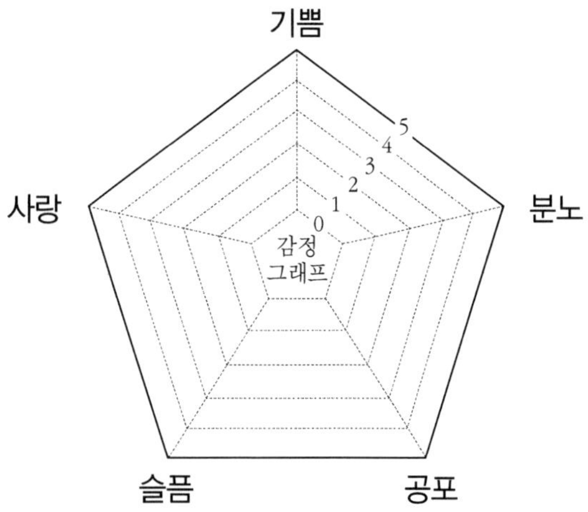

상황　행동　판단　다짐

〈오늘의 감정일기〉

♡ 20______년 _____월 _____일 감정일기를 작성하여 봅시다.

〈감정이름: 〉

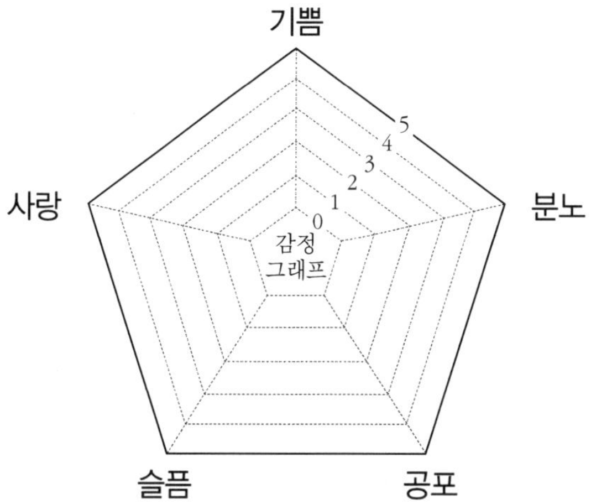

상황 행동 판단 다짐

〈오늘의 감정일기〉

♡ 20______년 _____월 _____일 감정일기를 작성하여 봅시다.

〈감정이름: 〉

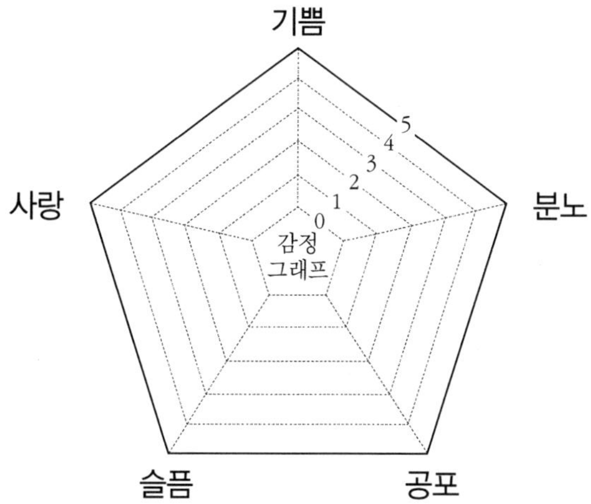

상황 행동 판단 다짐

〈오늘의 감정일기〉

♡ 20______년 _____월 _____일 감정일기를 작성하여 봅시다.

〈감정이름: 〉

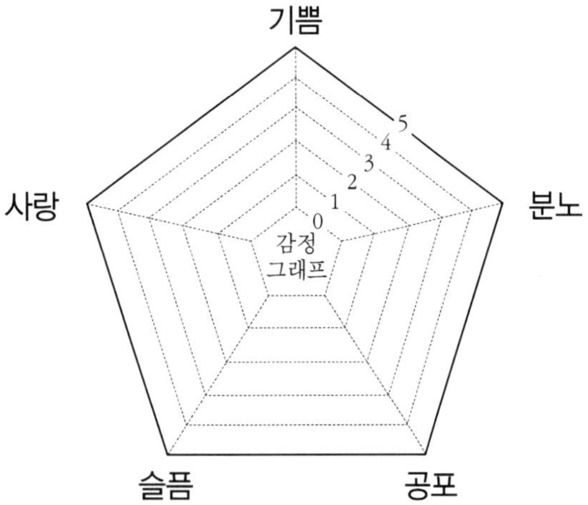

상황　행동　판단　다짐

〈오늘의 감정일기〉

♡ 20______년 _____월 _____일 감정일기를 작성하여 봅시다.

〈감정이름: 〉

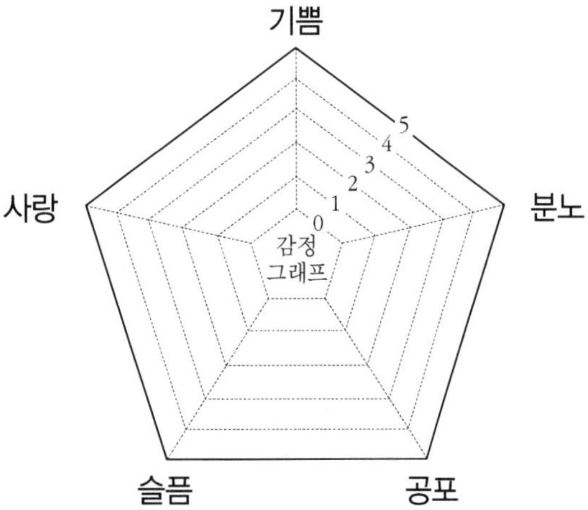

상황　행동　판단　다짐

〈오늘의 감정일기〉

♡ 20______ 년 ______ 월 ______ 일 감정일기를 작성하여 봅시다.

〈감정이름: 〉

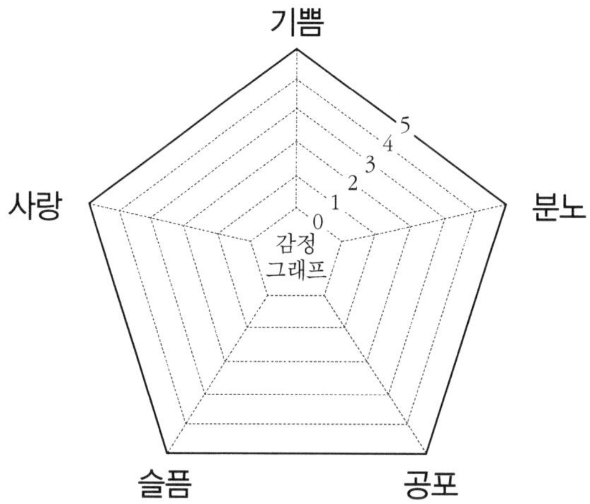

상황　행동　판단　다짐

〈오늘의 감정일기〉

♡ 20______ 년 ______ 월 ______ 일 감정일기를 작성하여 봅시다.

〈감정이름: 〉

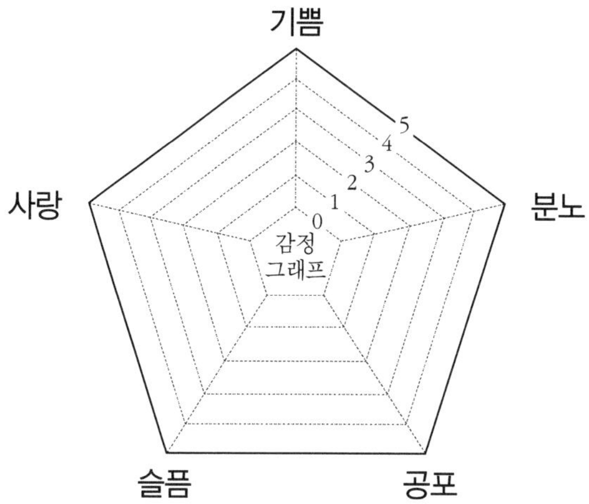

상황　행동　판단　다짐

〈오늘의 감정일기〉

♡ 20______년 ____월 ____일 감정일기를 작성하여 봅시다.

〈감정이름:　　　　　　　〉

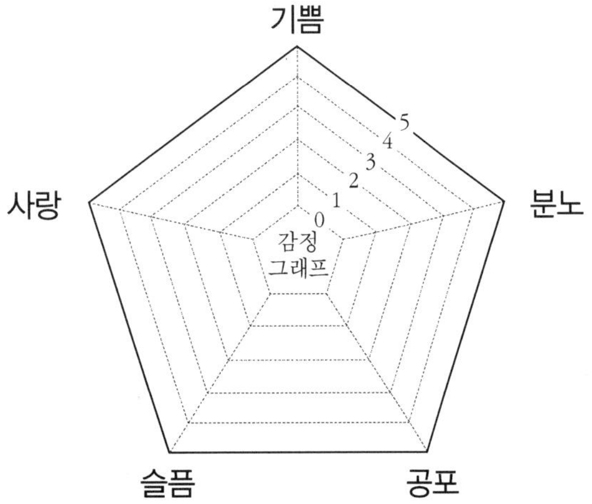

상황　행동　판단　다짐

〈오늘의 감정일기〉

♡ 20______년 ____월 ____일 감정일기를 작성하여 봅시다.

〈감정이름:　　　　　　　〉

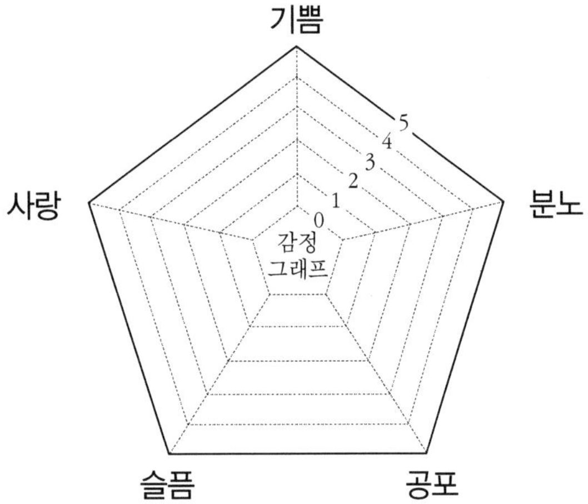

상황　행동　판단　다짐

〈오늘의 감정일기〉

♡ 20______년 _____월 _____일 감정일기를 작성하여 봅시다.

〈감정이름:　　　　　　　　〉

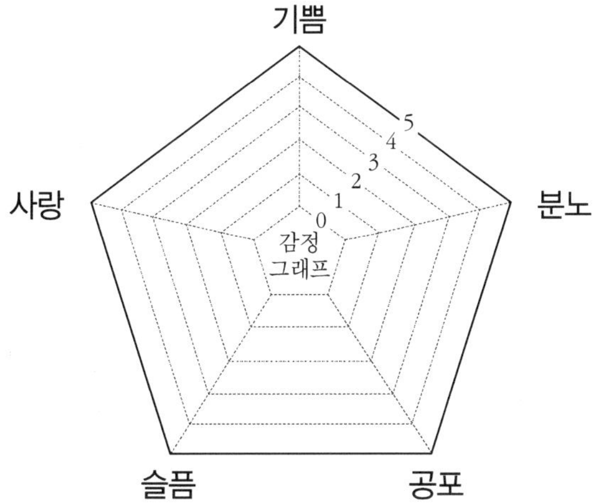

상황　행동　판단　다짐

〈오늘의 감정일기〉

♡ 20______년 _____월 _____일 감정일기를 작성하여 봅시다.

〈감정이름:　　　　　　　　〉

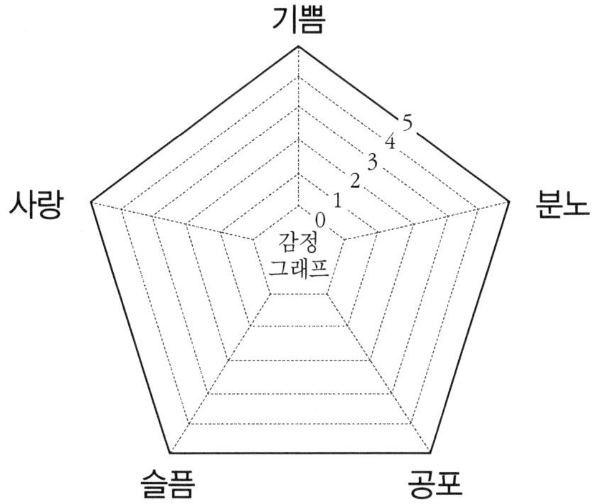

상황　행동　판단　다짐

〈오늘의 감정일기〉

감정놀이 수업 1,2,3워크북

소중한 나의 감정일기

2019년 1월 30일 1판 1쇄 발행
2023년 3월 20일 1판 4쇄 발행

지은이 • 이 진 영
펴낸이 • 김 진 환
펴낸곳 • (주) 학지사
04031 서울특별시 마포구 양화로 15길 20 마인드월드빌딩 5층
대표전화 • 02) 330-5114 팩스 • 02) 324-2345
등록번호 • 제313-2006-000265호
홈페이지 • http://www.hakjisa.co.kr
페이스북 • https://www.facebook.com/hakjisabook

ISBN 978-89-997-1723-9 03370

정가 **4,500원**